Eurus

Notus

幕末から維新へ

シリーズ日本近世史⑤

藤田 覚
Satoru Fujita

Boreas

Zephyrus

岩波新書
1526

はじめに

打ちこわしと御所千度参り

天明《てんめい》七年(一七八七)五月二〇日から二三日にかけて、徳川将軍家のお膝元、江戸市中で、米屋をはじめ質屋・酒屋など米を持っている、あるいは隠し持っていそうな九〇〇軒をこえる商家が、下層の住民らにより打ちこわされた。そのおもな原因は、数年にもわたった凶作による米価の高騰が、人びとの生存を脅《おびや》かしたからである。江戸町奉行所《まちぶぎょうしょ》などの警察力では手がつけられず、江戸は打ちこわし勢のなすがままの無秩序状態が続いた。この前後には、大坂をはじめ、甲府《こうふ》、駿府《すんぷ》、奈良、伏見《ふしみ》、長崎などの幕府直轄都市、岩槻《いわつき》、福井その他の大名城下町、そして尾道《おのみち》や下関《しものせき》などの港町、まさに全国各地で激しい打ちこわしが続いた。それらは、田沼意次《たぬまおきつぐ》から松平定信《まつだいらさだのぶ》へ幕府の政権が移行するまでの政治的空白期と、幕府の無策をついた騒動だった。いままで通りの幕府政治では制御できない民衆の登場でもあった。なお東北地方の各地では、一揆《いっき》・打ちこわしに立ち上がる気力すら失い餓死《がし》する人びとが相次ぐ深刻な事態だった。

一方京都では、同じ年の六月初旬から毎日のように、人びとが禁裏《きんり》御所《ごしょ》の築地《ついじ》塀《べい》を取り巻いて南門《みなみもん》と唐《から》門へお賽銭《さいせん》を投げ入れていた。これは、豊作と飢饉の苦難からの救済を天皇に祈る御所千度参りだった。人びとは、救済を京都町奉行所に願い出たものの埒《らち》があかなかったことから、奉行所を見限って禁裏御所、すなわち天皇へ救済を願い出たのである。天皇を神仏に見立てた行動で、参加者はもっとも多い日には五万人にも膨れあがったという。天皇の住む京都という条件つきではあるが、将軍にとって替わる天皇の姿がおぼろげに浮かび上がってきた。

異国船の渡来

寛政《かんせい》三年(一七九一)四月、国籍不明の異国船一艘が、紀伊《きい》串本《くしもと》大島沖合に渡来した。周辺を測量しながら、近くの村々の住民と交流した。横山伊徳氏によると、この船は、アメリカ船レディ・ワシントン号(船長ケンドリック)で、渡来の目的は、中国(清《しん》朝)唯一の貿易港である広州《こうしゅう》で売れ残った、北太平洋産のラッコの皮を日本で販売することだったという。また同年八月、別の一艘の異国船が博多《はかた》湾に入ってきた。上陸を果たせず、小《こ》倉《くら》からさらに日本海側の何か所かで接触を試みたが失敗、目的を果たせず船影を消した。この船は、イギリス船アルゴノート号(船長ジェームズ・コルネット)で、やはり北太平洋産のラッコの皮を積んで広州を出航し、日本との貿易を狙った船だった。なお、フランスのラ・ペルーズは、ルイ一六世の命令で一七八五年に太平洋探検の航海に出て、翌年には日本貿易の可能性の調査も兼ねて日本近海を北上していた。さらに、寛政四年九月には、エカテリーナ号に乗船したロシア遣日使節アダム・ラクスマンが、日本人漂流民大黒屋《だいこくや》光太夫《こうだゆう》らを送還するため根室《ねむろ》に到着した。直接の目的は漂流民の送還だが、対日貿易樹立の足がかりを築くためであった。

このように、一八世紀の末には、幕末に登場する欧米諸国の船がすでに日本へ、直接あるいは近海に接近していた。対外的危機はもう目の前だった。

維新変革への道のり

幕末から維新《いしん》への歴史は、大きくは二つの段階に分けられる。第一段階は一八世紀末からペリー来航直前までの約五〇年間、第二段階はペリー来航から維新までの約一五年間である。

第一段階は、国内の政治的社会的な秩序の揺らぎと日本を取り巻く東アジア世界の変動が始まり、国内矛盾と対外的な危機とがからみあう内憂外患の時代に入る。全国的な商品生産と流通の発展は、国民的な需要に支えられて全国市場の形成へと進み、幕藩領主の経済を支えた近世的な生産と流通の構造を変質させつつあった。また、農村と都市の近世的な社会秩序と構造は大きく変動し、村落および都市内部の矛盾を激しくさせ、幕藩制国家と社会をその深部から動揺させた。その結果、深刻な財政危機におちいった幕藩領主たちは、体制の立て直しに躍起となり、寛政の改革、天保《てんぽう》の改革などの政治改革を繰り返した。

一方、北太平洋北米海岸のラッコやオットセイなどの毛皮をめぐる国際貿易の活発化は、ロシア、イギリス、アメリカなどに日本への関心を引きおこさせ、それらの国の船が日本周辺にやって来るようになった。さらに、フランス革命後のナポレオン戦争の影響は東アジアへも波及し、日本とヨーロッパとの関係に変化をおこさせ始めた。新たな要素の登場により、それまでの対外的秩序は動揺し、「鎖国《さこく》」という近世日本の対外関係は行き詰まりを見せ始めた。渡来する外国船の多くは国家意思を背景に持っていなかったが、幕府はそれにほんろうされ、「鎖国」を維持するためその場しのぎの対応策に追われた。

この段階は、近世の政治体制、幕藩体制が動揺し解体する契機をはらみながらも、崩壊が始まったとはまだいえない。その崩壊の始まりはつぎの第二段階で、強度の外圧によりわずか十数年でもろくも瓦解にいたる。

第二段階は、産業革命の進展により圧倒的な生産力と軍事力を獲得した欧米諸国が、全世界を資本主義的世界市場に強制的に組み込もうとする強力な国家意思を背景に、直接的な軍事力の行使や威嚇により、日本を含む東アジア世界全域に自由貿易を強制したことにより始まる。一六、七世紀の大航海時代のヨーロッパ諸国とは、どのような関係を持つのかを日本側で選択することが可能だったが、一九世紀半ばでは、そのような主体的な選択を許されなかった。こうした対外関係の変化は、国民の生産と生活に激しい影響を及ぼし、それが引きおこしつつあった国と民族の自立の危機は、国内の幅広い階層に強烈な危機意識を生み出した。この未曾有の対外的危機を打開し、国家の対外的独立、国民的独立を守るため、幕藩体制にかわる新たな国家体制、政治体制の樹立に向けた模索と必死の政治闘争が始まり、明治維新に帰結した。わずか十数年の短い期間のうちに、かつて経験したことのない政治、経済、社会の劇的な変化が生みだされた。

目　次

第一章　近世の曲がり角

――維新の起点

一八世紀末は、大飢饉や一揆・打ちこわしの激発に示された国内的危機と欧米勢力の接近という対外的危機、つまり内憂外患に直面し始めて、近世の国家と社会が体制的な危機を迎え、幕藩領主が寛政の改革などの本格的な政治改革に取り組んだ時期である。領主と民衆の対立、幕藩領主間の矛盾などが複雑に絡まりあいながら、幕末維新期には諸政治勢力による政治闘争の焦点になる天皇が政治的に浮上し始めた。一八世紀末から一九世紀初頭は、幕末維新期の政治過程に登場する諸要素が出そろい、近世から近代へ時代が転換する幕開け、すなわち明治維新の起点と位置づけることができる。

1　内外の危機と政治改革

天明の飢饉と政治危機

一七世紀末から始まる幕府の赤字財政は、八代将軍徳川吉宗《とくがわよしむね》が主導した享保《きょうほう》の改革における倹約を中心とする財政緊縮と年貢《ねんぐ》徴収法の工夫、さらに新田《しんでん》開発などの新たな農政により好転したものの、一八世紀半ばまでにふたたび悪化した。そのため幕府は、財政支出を抑制しつつ、商業や金融の分野に新たな財源を見いだし、さまざまな経済政策によって財政収入の増加をはかっていった。多様な業種の営業者(団体)に特権を与えて冥加金《みょうがきん》を上納させ、零細な特産品生産にまで運上《うんじょう》(税)を課し、さらに、民間から提案された幕府の利益を生み出す策を採用し、政策化していた。金融の分野では、大坂などの豪商からの借入金で、利子を付けて償還する御用金《ごようきん》、あわせて全国の百姓・町人・寺社からの御用金を利用して、金融の円滑化や米価の安定をはかり、そしてその利益を幕府財政へ取り込もうとした。さらに、蝦夷地《えぞち》(現、北海道)の開発とロシア貿易構想、印旛沼《いんばぬま》(現、千葉県北部)干拓のような大胆で、山師《やまし》的な政策までも実行に移していった。幕府の経済的利益を重視する商業・金融・貿易・大開発政策は、それまでの幕府政治のあり方とかなり異なる経済優先の政治であり、経済が政治を主導する「政治の経済化」ともいうべき現象であった。

　しかし、この幕府の利益を追求する政策は、百姓・町人身分の激しい反発をうけて行き詰まり、蝦夷地開発とロシア貿易、さらに印旛沼干拓も難航し、それに冷害と浅間《あさま》山《やま》の噴火や大洪水などの自然災害も加わって深刻な大飢饉に直面した田沼意次の政権は、天明六年(一七八六)にまさに立ち往生して瓦解した。天明の大飢饉は、東北地方を中心に一部では住民が流民化する事態におちいるほどの大打撃を与え、幕藩領主の経済的基盤を揺るがした。さらに天明七年五月、将軍お膝元の江戸ですら数日間にわたり無秩序状態になるほどの大規模で激しい一揆・打ちこわしが、全国各地の幕府直轄都市などで起こり、幕府は政治的危機に直面した。

この政治的危機を打開する期待を背負って登場したのが、老中《ろうじゅう》に就任した松平定信である。松平定信は、天明七年(一七八七)六月、失墜した将軍・幕府の権威と幕政を立て直すため、寛政の改革とよばれる政治改革を断行した。幕府は、田沼時代の経済政策に重点を置いた政治の経済化の時代から、ふたたび「政治の時代」へ転換した。

統治技術と政策の交流

一八世紀の半ば以降、かなりの数の藩では幕府よりも深刻な財政破綻の危機に直面し、幕府へ領地の返上を願い出ようとした米沢《よねざわ》藩のような藩も現れたほどだった。危機感を募らせたいくつかの藩では、藩政の刷新に取り組まざるを得なかった。そのなかで、熊本藩の細川重賢《ほそかわしげかた》がおこなった熊本藩宝暦《ほうれき》の改革は、著名な儒者であった亀《かめ》井《い》南冥《なんめい》が、その改革政治の内容を『肥後《ひご》物語』(天明元年)と題した書物に著し、松平定信へ献上したことから全国的に知られるようになった。それにより、上杉鷹山《うえすぎようざん》による米沢藩の改革とともに、以後藩政改革の模範とみなされた。

その核心は、徹底した緊縮による財政支出の大幅削減、耕地と農民の再把握による農村の再建、生活必需品など領内自給自足の強化による富の領外流出の抑制、領外から富を取り込むための特産物生産の奨励と専売制、藩士の教育を重視した藩校《はんこう》の設立や拡充であった。なかでも、財政破綻を回避する速効性という点から、厳しい倹約による財政の緊縮策がとくに取り組まれた。これらの施策が危機感をいだいていた大名たちの関心を集め、それに倣った改革がおこなわれたため、寛政期前後に各地で取り組まれた藩政改革は、かなり共通した内容をもつことになった。

当時の大名は、大名家間の儀礼や趣味の交際とは異なる交流をしていた。幕府寛政の改革を主導した松平定信も、老中に就任する以前の陸奥《むつ》白河《しらかわ》藩主の時代に、陸奥泉《いずみ》藩主本多忠籌《ほんだただかず》に交際を申し込み、藩政上のさまざまな課題に示唆を得たと回顧している。定信の交際範囲はしだいに広がり、熊本藩の細川重賢とも行き来し、「経済の事」を語り合ったという。定信の白河藩政が評判になると交際の範囲はますます広がり、かなりの数の大名と藩政全般について議論したり相談をうけたりしていた(松平定信『宇下人言《うげのひとごと》・修行録』)。

藩政にすぐれた業績や見識をもつ大名のまわりに、自らの藩の行く末に危機感をもつ大名が集まり、統治技術や政策を学びあい、その交流を通してすぐれた施策が全国各地へ伝播し実践されていった。これが、この時期の諸藩の改革、および幕府寛政の改革に共通する政策がかなりあったことの理由のひとつである。

幕府は、徹底した倹約により当面の財政危機を乗り切ると、幕政の刷新、凶作・飢饉・騒動の激発が引き起こす政治的危機への対策、経済的基盤である農村の再建、流通・金融市場における幕府の主導権の確保、政治的基盤である幕臣団の再強化、そしてロシア・蝦夷地対策などに取り組んだ。

飢饉・騒動対策

蘭学者《らんがくしゃ》の杉田《すぎた》玄白《げんぱく》が「賤《いや》しきたとえに、雨降って地かたまる、といえるが如く、若《も》し今度の騒動(江戸の打ちこわし)なくば、御政事《ごせいじ》は改まるまじ、など申す人も侍《はべ》り」(『後見草《のちみぐさ》』)と書いたように、寛政の改革は、全国的に吹き荒れた一揆・打ちこわしを引き金にして始まった。生存を求め、あるいは生存をかけて立ち上がった百姓・町人への幕府の対応は、たんなる弾圧や取締りの強化にとどまることを許されなかった。そこでは、一揆や騒動を引き起こした直接の原因となった社会矛盾の緩和策があれこれと模索され、封建的社会政策ともいうべき施策を採用したことが特徴的である。

まず囲米《かこいまい》、すなわち食糧備蓄策がとられた。その目的は、「凶作↓米価高騰・飢饉↓一揆・打ちこわし・流民化↓政治危機」の連鎖を断ち切ることだった。全国の大名へは、領知高《りょうち》一万石につき米五〇石を五年間にわたり毎年備蓄するよう指示した。幕領の農村へは、米や雑穀などの主穀生産を強化させるとともに、郷蔵《ごうぐら》(村に設置された穀物倉庫)を造らせ米や稗《ひえ》などの食糧の備蓄を命じた。備蓄された食糧の放出や詰替え、および補充などは幕府の点検をうけ、その強い管理下におかれた。

江戸、大坂など幕府の直轄都市では、その地の実情に応じたさまざまな方法により囲米がおこなわれた。なかでも、町入用《ちょういりよう》(町の必要経費)を節減させて作られた江戸の七分積金《しちぶつみきん》が有名である。地主(家持《いえもち》)が負担していた町入用の節約分、約三万七〇〇〇両の七〇パーセント(七分)を原資として毎年米と金を備蓄し、それを管理・運用する江戸町会所《まちかいしょ》が創設された。町会所は勘定所《かんじょうしょ》と町奉行所の監督のもとで、日常的な貧民救済のほか、風邪などが流行した時や凶作によって米価が高騰したさいに備蓄した米や銭を放出した。この七分積金の仕組みは、江戸で打ちこわしなどの騒動が起こるのを未然に防ぐうえでかなり効果があった。

幕府のわずかな財政負担と多くは上層町人や百姓の負担で始まった囲米政策は、人びとの生存への要求と社会矛盾の緩和にそれなりに応えたため、「仁政《じんせい》」として幕末まで維持された。

農村の再建

天明の大飢饉は、農村に大きな打撃を与えた(図1-1)。とくに北関東から東北地方にかけて、農村人口の減少とその結果として耕作放棄された荒地の増大が深刻な問題になっていた。幕府は、綿《わた》・菜種《なたね》などを除いて商品作物の生産を抑制するとともに、農村人口の回復と荒廃地の再開発を重要な課題として農村復興策をとった。それは、幕藩領主

図1-1 「天明飢饉之図」(福島県会津美里町教育委員会所蔵) 会津地方における天明飢饉の様子を生々しく伝える

の経済的基盤である近世農村の再建をもくろむものであった。天明の飢饉などで江戸に流入した農村出身者が故郷へ帰ることを奨励した旧里帰農奨励令《きゅうりきのうしょうれいれい》は失敗したものの、幕府はただ触書《ふれがき》を出して命令するだけではなく、それを実効性あるものにするための措置を講じた。それはヒトとカネであった。

ヒトの点では、幕領農村を支配した民政官である幕府代官《だいかん》の八割近くを交代させ、多様な経歴を持つ人材を登用する大なたをふるった。しかも、代官所の陣屋《じんや》に長く駐在(代官在陣)させ、じっくりと腰を落ち着けて代官所行政に取り組ませた。カネの面では、荒廃地の再開発と農村人口を増やす政策を推進するため、公金貸付政策を大規模に展開した。たとえば、陸奥塙《はなわ》・桑折《こおり》代官を三六年間も務めた寺西重次郎《てらにしじゅうじろう》(封元《たかもと》)は、『子孫繁昌手引草《しそんはんじょうてびきぐさ》』を配布して領民を教諭するとともに、幕府から公金貸付を受けてこれを近隣大名領の住民へ貸しつけ、その利子を人口回復のための施策である小児養育金の財源とした。寺西は、在職中から領民の手で神と祀られ、のちには寺西神社まで建てられた。寺西のような実績をあげた代官のなかには、領民から「仁政」を施した「名代官」として神に祀られたり、顕彰碑を建てられたりする者が続出した。

他方、村のために一命をなげうって領主とわたりあった百姓一揆などの指導者が、各地で義《ぎ》民《みん》としてさまざまな形であがめられ、祀られた。「名代官」も義民も、その顕彰は近世農村が危機に瀕していたことの裏返しである。

流通・金融の掌握

冥加金の上納と引替えに営業上の特権を与えて株仲間の結成を促し、大名の財政運営に深く関わる大坂の金融市場へ御用金政策により介入し、流通と金融市場の安定化と幕府利益への取込みを目論んだ田沼時代の経済政策は、結局のところ飢饉のさいに米の価格と流通をまったく制御できず、また金融市場の安定化も実現できなかった。松平定信は、天明八年(一七八八)に江戸霊巌島吉祥院《れいがんじまきっしょういん》と陸奥白河城内の松平家の先祖を祀った祖廟《そびょう》へ捧げた願文《がんもん》で、幕府が米価や金融市場を支配できる力を握ることを願った。

そこで、三谷三九郎《みたにさんくろう》や仙波《せんば》太郎兵衛ら富裕な江戸町人の資金と経験を活用するため、新たに彼らを勘定所御用達《ごようたし》、米方《こめかた》御用達に登用した。これには、幕府の主導権のもとで米価の調節や金融などの経済政策にあたろうとする定信の意図が込められていた。

将軍直臣《じきしん》である蔵米《くらまい》(切米《きりまい》)取りの旗本《はたもと》・御家人《ごけにん》は、大名以上に深刻な経済的困難に直面していた。彼らの家計のやり繰りと深く関わる金融市場は、蔵米を担保とした融資をおこなっていた札差《ふださし》が牛耳っていた。旗本・御家人を借金地獄から救い出し、彼らの風儀の頽廃を立て直そうとしたのが、札差からの債務を破棄した寛政元年(一七八九)の棄捐令《きえんれい》であった。こうしたかなり乱暴な措置により打撃を与えたうえで金融市場の主導権を握ろうとしたのが、札差への資金貸付機関であるとともに札差を監督する猿屋町《さるやちょう》貸金会所の設立だった。

諸藩の改革

深刻な藩財政の危機に直面した諸藩は、一八世紀後半から藩政改革に取り組んだ。すでに説明したように、本百姓体制の再生による農村復興策、藩財政再建のため、厳しい緊縮と領内経済の自立を目指した特産物生産の奨励や専売制、さらには、新たな藩政の展開を担うことができる藩士を育成するための藩校の新設や拡充が広くおこなわれた。藩財政の危機は、幕府の財政状況と連動する面があった。それは、幕府が財政の悪化により無利息年賦返済の拝借金《はいしゃくきん》(貸付金)などを縮小あるいは停止したため、幕府の恩恵的な財政援助を期待できなくなり、それどころか国役普請《くにやくふしん》(国郡単位の大規模土木工事)の負担強化など、幕府による大名への負担転嫁が強まったからである。

このような状況のなかで藩を維持し再建するため、藩祖の顕彰や大名家の歴史と儀礼の再確認を通した藩士の再統合がはかられ、その結果、藩を一つの国家とみる藩国家意識が強まった。幕府・将軍と藩・大名との関係も、一八世紀末前後に新たな段階に立ち至ろうとしていた。

2　対外的危機の兆し

毛皮交易と欧米諸国

一七八〇年代から、北太平洋産の毛皮貿易をめぐりイギリス、アメリカ、フランスなどの極東への進出が始まり、それとともに諸外国は日本に関心を持ち始めた。一七八五年一〇月五日付のイギリスの新聞『ザ・タイムズ』は、イギリスにおける対日貿易への期待の記事を載せ、さらに一七九〇年五月八日付の同紙は、イギリスの対日貿易計画を報じていた。イギリス海軍キャプテン・クック艦隊の第三次航海で、北太平洋北米海岸で入手したラッコの皮が、中国唯一の貿易港であった広州で高値に販売できたことは、インドやマカオ、さらにアメリカにいた冒険的貿易商人らを刺激した。北太平洋産毛皮を入手し、それを中国で売却する貿易ルートが活況を呈し、その航路上にある日本が寄港地として、また貿易の対象として浮かび上がったのである。

シベリアを征服し一七世紀末にカムチャツカ半島に到達したロシアは、さらにアリューシャン列島からアラスカへ進出し、一七六〇年代には千島《ちしま》(クリル)列島を南下して支配下においていった。北太平洋北米海岸の毛皮をめぐるイギリス・アメリカとの競争と抗争が始まり、毛皮を獲得する拠点である北米植民地や千島列島を維持するのに必要な物資を確保するため、対日通商関係の樹立を試みるようになった。なお、いずれの国も主要商品は毛皮であり、一九世紀半ばのイギリスを先頭とする欧米列強がおこなったような、産業革命による製品と原材料市場を確保するための対日開国・貿易要求とは性格を異にしていた。しかしともかく日本が、活発化した東アジアにおける北太平洋北米産毛皮交易の市場として、あるいは航海上の寄港地として、欧米諸国から強い関心を持たれ始めたのである。

さらに、市民革命後のフランスは、ナポレオン戦争などにより、ヨーロッパ諸国のなかで対日関係を独占していたオランダを従属させた。フランスに敵対したイギリスは、フランスに従属・同盟したオランダのアジアにおける植民地や権益を攻撃し、つぎつぎに奪い取った。その結果、オランダの対日貿易の独占的な地位は揺らぎ、貿易の維持すら危うくなった。その混乱に乗じて、新たに対日貿易を試みる国や商人の船が日本に渡来した。

このようにして、それまでの安定的な対外関係、すなわち「鎖国」は、北方からだけではなく西からも動揺し始めた。

図1-2　ラクスマン一行(「幸太夫と露人蝦夷ネモロ滞居之圖」部分，早稲田大学図書館所蔵)

ロシアは、日本との国交と通商関係の樹立を試みるため、日本人漂流民の送還を兼ねて、使節としてラクスマンを派遣した(図1-2)。寛政四年(一七九二)九月、

ラクスマン来日

大黒屋光太夫ら日本人漂流民三人を乗せたロシア船エカテリーナ号が根室に渡来し、イルクーツク総督ピーリの手紙で通商関係の樹立を求めた。これにより、ロシアの脅威は現実のものとなった。

松平定信は、世界の大国と認識していたロシアとの紛争回避に重点をおき、礼と法による対応を基本方針にすえた。近世日本の対外関係を説明する国法書を渡して、渡来した異国船は打ち払うことを原則とする国法が存在し、通商する国もすでに定まっていることを宣言した。それと同時に、国防態勢が不十分な段階で大国ロシアと紛争をおこすのを避けるため、ロシア船一艘が長崎へ入港することを許可する信牌《しんぱい》を渡した。このときの幕閣は、ロシア側がこの信牌を持参し長崎で貿易を要求した場合、長崎か蝦夷地で長崎貿易と同じ仕組みの交易を認める方針をひそかに立てていた。それは、幕府が貿易の方法や輸出入品目、さらには貿易の上限額などを管理・統制する方式で、管理貿易の一種だった。ただし、定信の主観では、軍備さえ整えばいつでも破棄し、元に戻すという前提つきだった。この措置はロシアに、「長崎一港にかぎってロシア人がいかなる制約もなく交易におもむくことを許しておりますし」「長崎において両国民の友好と通商関係樹立のための試みを繰り返す必要があろう」(ピーリ総督報告書)という貿易許可への期待を抱かせ、のちにレザノフの来日と日露間の紛争をおこす原因となった。

鎖国祖法化と貿易容認論

ロシアへの対応のあり方で重要な点は二つある。第一は、日本の「武備《ぶび》」(軍事力)の弱体化を認識する故に、欧米の大国や強国との軍事的な紛争を回避することを優先し、そのため新規に貿易を容認するという対処方法である。ただし、彼らの念頭にあったのは長崎でおこなわれていた貿易であり、幕末に欧米諸国から通商条約で強制された自由貿易ではなかった。武人(軍人)政権である江戸幕府にとって、国内外の戦闘で敗北しあるいは劣勢になることは、その「武威《ぶい》」(軍事的権威)を著しく損なうことになる。もし弱体化した軍事力でロシアに立ち向かい敗北すれば、幕府は権威を失いその存立を危うくする。管理貿易容認策は、松平定信らのこのような現状認識によるものであった。

第二は、江戸時代の対外関係、すなわち「鎖国」の内容を明確にし、それを祖法《そほう》とみなす起点となったことである。江戸時代の対外関係は、通信は朝鮮と琉球《りゅうきゅう》、通商は中国とオランダに限られた、と日本史教科書などで説明される。だが、「鎖国」が完成したとされる一七世紀半ばにそのように定められたわけではなく、一八世紀末以降、何回かにわたり通商・開国を迫られた幕府が、外国へ日本の対外関係を説明するなかで次第に明確にしてきたというのが真相である。外国との関係を通信・通商の四か国に限定したのが「鎖国」であり、それが祖宗《そそう》からの法、すなわち祖法であると説明した。「鎖国」を祖法と観念する鎖国祖法観が確立し、幕府は幕末まで国内外に表明し続けた。祖法としての「鎖国」を維持するため、海岸防備策がとられ始め、そのあり方を論じる海防論が活発になっていく。

寛政の改革期に江戸幕府がとったロシアへの対処方法、すなわち祖法としての「鎖国」堅持と、それとうらはらに紛争を回避するための管理貿易容認論が、前者を公的な政策としながらも幕府対外政策の二潮流として幕末まで併存し、対外的な緊張が高まると選択をめぐり対立することになる。

レザノフ来日

北太平洋北米海岸産の毛皮をめぐる英米露の抗争が激化するなか、ロシアは特権的な露米《ろべい》会社を設立し、北米産毛皮を中国広州へ運び貿易すること、そして日本との通商関係を樹立することを計画した。クルーゼンシュテルンの世界周航計画の一環

図1-3 「露国使節レザノフ来航絵巻」(部分，東京大学史料編纂所所蔵) 右から2人目がレザノフ

として遣日使節の派遣が決定され、遣日大使として露米会社代理人のレザノフが任命された。文化《ぶんか》元年(一八〇四)九月、レザノフは漂流民津太夫《つだゆう》らを伴って長崎に渡来し(図1-3)、通商と友好関係の樹立を求めるアレクサンドル一世の国書の写しとラクスマンが持ち帰った信牌を提出した。ラクスマンの時の経緯もあり、彼らは通商許可を期待していた。

ところが幕府は、この三年前に蝦夷地政策をめぐって評議したさい、新規に外国交易を開始しないことで老中の意見が一致したこともあり、松平定信のような柔軟な対応をとらず、多少の意見の対立はあったが通商拒絶で一致した。老中から対応策を諮問された林大学頭述斎《じゅっさい》は、ロシア国書・進物の受領と手厚い応接を主張して老中と意見が対立したものの、通商拒絶では一致した。そして、新規の通信・通商は祖法により禁止されており、通商は日本にとって有害無益という主旨の返書を渡すことを主張した。

そして長崎入港から約六か月後、江戸から目《め》付《つけ》遠山《とおやま》景晋《かげみち》らが派遣され、レザノフへ「教諭書」を渡し要求拒絶を通告した。そこには、外国との関係は中国・朝鮮・琉球・オランダに限定されていてもはや議論の余地はなく、それが日本の国土を護る「歴世《れきせい》の法」であり、貿易は日本にとって有害無益と記されていた。つまり、対外関係を四か国に限定する「鎖国」は祖法である、と宣告したのである。ラクスマンへは通商許可をほのめかしてロシアに期待を抱かせ、にもかかわらず、レザノフへは全面的に拒絶した幕府の回答は、日露紛争を引き起こす原因になった。

文化の日露紛争

レザノフは、日本に通商を認めさせるため限定的な武力行使を決意し、海軍人尉フヴォストフに攻撃を指示した。その後レザノフは対日攻撃の保留を指示したが、それが伝わらないまま、フヴォストフは文化三年(一八〇六)九月から翌年六月にかけて、カラフトやエトロフ島・利尻島を攻撃し、幕府や松前《まつまえ》藩の船舶を海上でつぎつぎと襲った(文化の露寇事件)。フヴォストフらは、通商を許可しないならばさらに大規模に攻撃すると威嚇した。

ロシア軍艦の攻撃と日本側の敗北・劣勢の情報は、虚実取り混ぜて誇大に各地に伝播し、実態以上の大騒動になった。「日本国の大恥」「異国の物笑い」など幕府批判の流布は、「武威」に裏打ちされているはずの幕府・将軍の威光を失墜させる瀬戸際に追い込んだ。

幕府は、文化四年五月に南部《なんぶ》・津軽《つがる》・秋田・庄内《しょうない》藩などへ蝦夷地出兵を命じ、さらに若年寄《わかどし》《より》・大目付《おおめつけ》らを蝦夷地に出張させる軍事的対応策をとった。幕府は、入手した情報によりロシアの一連の攻撃とその要求が通商であることを、触書により公表した。国内では、紛争を引き起こした幕府外交の失策を批判し、ロシアに貿易を許可して紛争を解決すべしとの管理貿易容認策が幕府内外から噴出した。幕府は、軍事的劣勢の状況で貿易を認めること、すなわちロシアに屈服することが幕府の権威・威勢の失墜につながるのを恐れて「鎖国」堅持策をとり、仙台藩に東蝦夷地、会津《あいづ》藩に西・北蝦夷地への出兵を命じ、文化四年一二月、ロシア船打払令《うちはらいれい》を出してロシアに軍事的に備えようとした。

蝦夷地攻撃はロシア政府の正式な方針ではなかったので大規模な軍事衝突に至らなかったが、北方海域では緊張状態が続き、文化八年(一八一一)にゴロヴニン事件が起こった。南千島を測量中のディアナ号艦長ゴロヴニンは、クナシリ島に上陸したところを幕府役人に捕縛され、箱《はこ》館《だて》ついで松前に拘禁された。ロシアはナポレオンとの戦争に備えるため、また幕府も長らく続いたロシアとの対峙を終息させるため、穏便な早期決着を望んだ。結局、蝦夷地攻撃はロシア政府と無関係という主旨のオホーツク港長官弁明書の提出により、ゴロヴニンらを解放して解決した。幕府は弁明書の提出をロシア側の謝罪のしるしと解釈して威信を示し、蝦夷地攻撃は海賊の仕業として決着させた。この事件によりロシアによる対日通商関係樹立の働きかけは弱まり、日露の交渉は四〇年後のプチャーチン来航をまつことになった。

政治的に重要なのは、「鎖国」堅持論と管理貿易容認論の対抗が表面化したことと、文化四年六月に幕府がロシアとの紛争に関する情報を朝廷へ報告したことである。求められもしないのに幕府の方から朝廷へ対外関係情報を報告したのは前例のない行為で、これは幕府が朝廷に対外情勢を報告する先例となり、義務となっていった。幕末には、朝廷が幕府に対外情勢の報告を求め、さらに対外政策へ介入する根拠ともなった。

蝦夷地をめぐる日本とロシア

先述のように近世日本の対外関係の動揺は、北方から始まった。それはロシアの蝦夷地接近であった(図1-4)。世界の大国ロシアが隣国になっていたことを「発見」して驚いた田沼政権は、ロシアの進出を阻止する方策を探った。それが、「山師」的な蝦夷地の直轄・開発とロシア貿易構想だった。これからおよそ五〇年、江戸幕府にとって蝦夷地とロシアは取り組むべき主要な政治課題となり、膨大なエネルギーを注いだ。当時の蝦夷地は、綿や菜種などの重要な商品作物の栽培に欠かすことのできない肥料となるニシンや、対中国貿易を支える主要輸出品である俵物《たわらもの》(いりこ・干し鮑《あわび》・フカヒレなどの海産物)の産地として経済的な価値が高まっていた。松平定信政権は、田沼政権の蝦夷地開

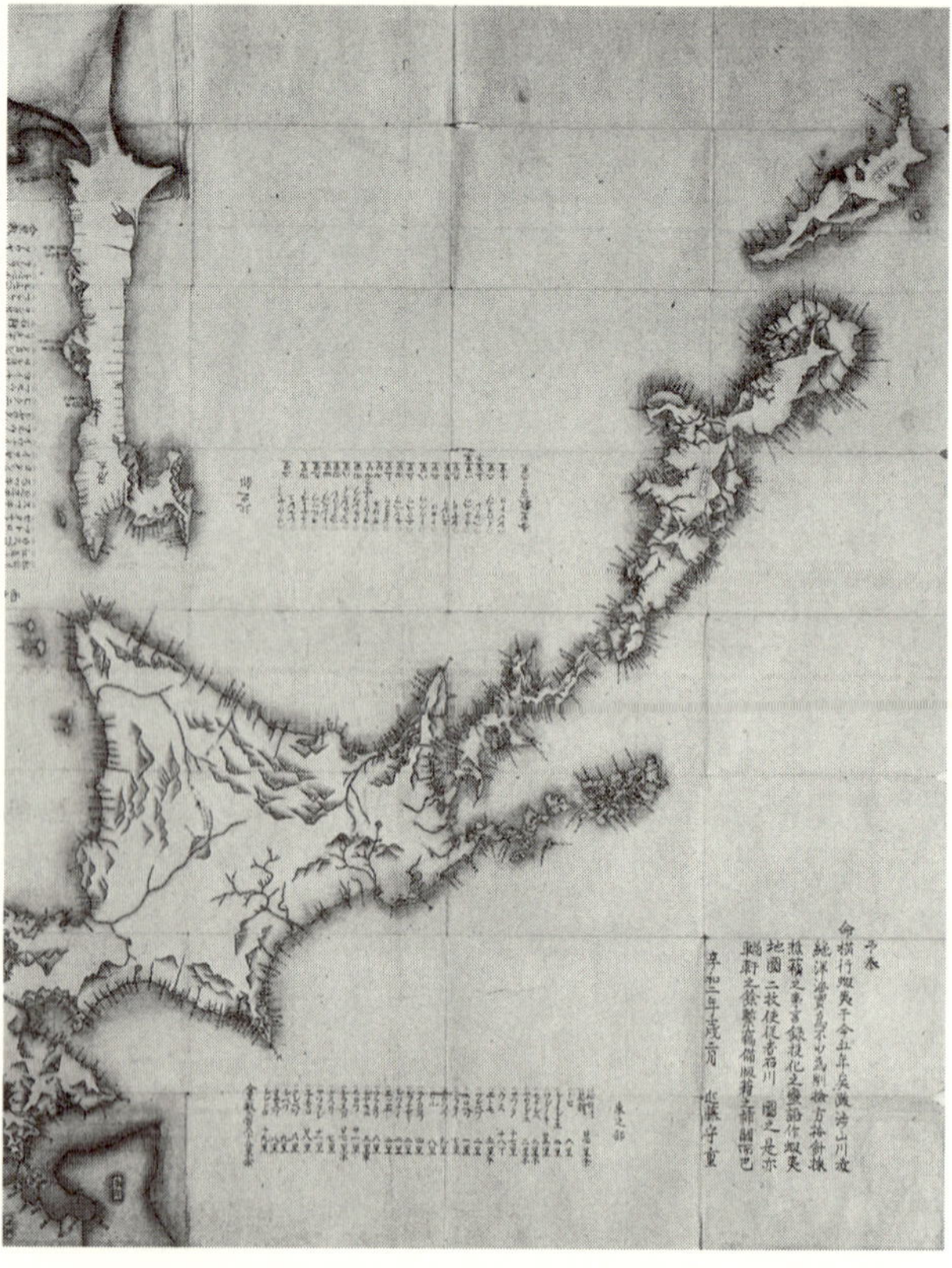

図 1-4　蝦夷地図式 乾(函館市中央図書館所蔵)　近藤重蔵が作成したもの

発とロシア貿易の政策を否定したが、寛政元年(一七八九)五月にクナシリ・メナシのアイヌが蜂起する事件が起こると、アイヌが離反しロシアへ帰服することにより蝦夷地を失うのではないかとの懸念が強まり、新たな蝦夷地政策を模索せざるをえなくなった。

キリスト教を先兵として軍事的に侵略し征服しようとするという伝統的なヨーロッパ(キリスト教国)観は、幕藩領主の中に根強く残り続けていた。一八世紀末にも、ロシアの目的について、老中格本多忠籌の領土的野心説と松平定信の交易目的説とが対立した。政策としては、直轄開発し防備の強化により侵略をくい止めようとする考え方と、交易が目的なのだから蝦夷地を未開のままにし強力な防備は無用とする考え方が対抗した。松平定信政権は、勘定所を中心にした田沼時代以来の蝦夷地を直轄し開発しようとする政策を拒否し、松前藩に外国との境界地域の警備強化を命じつつ、それまで通り蝦夷地の支配を委任する政策を採用した。それとともに、公正な取引によるアイヌの「撫育《ぶいく》」と情勢探索を兼ねた、「お救い交易」という名称で、交易船を蝦夷地に派遣した。さらに、寛政三年の国籍不明船の渡来などをうけ、青森あるいは三厩《みんまや》に北国郡代《ほっこくぐんだい》(奉行)を新設し、南部藩と津軽藩に警備を担当させる北方防備構想も具体化をはかった。これは、長崎の〈長崎奉行─福岡藩・佐賀藩〉に類似した仕組みであり、日本の防衛を津軽海峡以南でおこなう構想(場合により蝦夷地を放棄)だった。

幕末期にも、欧米諸国の目的について、貿易要求は表向きで侵略すなわち領土的野心こそ本質とする伝統的な考え方と、交易こそが要求の核心だとする考え方が対立する。もちろん、前者の理解が多数派であり、後者は少数派だった。そのような考え方の差異と対立は、一八世紀末にすでに成立していた。

混迷する蝦夷地政策

松平定信が退陣すると、蝦夷地を直轄し開発しようとする政策がふたたび頭をもたげた。エトロフの隣島ウルップへのロシア人の居住・植民が伝えられ、さらに寛政八年(一七九六)と九年に、ブロートン指揮のイギリス測量艦プロビデンス号が(図1-5)、カラフトや蝦夷地周辺海域の海図作成のため蝦夷地室蘭《むろらん》に渡来した。この一件をとらえた幕府は、密貿易疑惑の調査を名目にして調査団を派遣し、蝦夷地直轄政策へつき進んでいった。そして寛政一一年(一七九九)、松前藩から東蝦夷地の支配権を取り上げて七か年の仮上知《かりあげち》を断行し、第一次蝦夷地上知(第二次は安政《あんせい》二〈一八五五〉年からの幕領化)政策を開始した。その核心は、蝦夷地を「開国」(開発)し、アイヌを日本に同化させ、ロシアに対する鉄壁の守り(「金城湯池《きんじょうとうち》」)とすることにあった。蝦夷地に日本内地と同じ近世的な秩序を組み立て、アイヌに農業と日本語を学ばせ、日本風俗に変えようとした。

しかしこの政策に対しては、幕府が利益をもくろんでいるという批判、松前藩による蝦夷地

図 1-5　プロビデンス号(『蝦夷の島踏 2』より，函館市中央図書館所蔵)

支配という江戸初期以来の伝統的なあり方の変更への批判などが渦巻いた。蝦夷地直轄・「開国」推進者たちは、全蝦夷地直轄の実現をねらったが、「開国」策は将軍の意向により否定され、直轄は東蝦夷地に限定された。それでも、文化四年(一八〇七)、松前やカラフトを含む全蝦夷地を直轄した。しかし、直轄したが「開国」はしないという、やや曖昧な政策が続いた。結局、ゴロヴニン事件の解決によるロシアとの緊張関係の緩和、直轄政策の内実が松前藩の蝦夷地支配とそれほど違わないものとなり、十分な成果を得られなくなったこと、そして松前藩による復領《ふくりょう》工作(寛政一一年以前に戻すこと)が功を奏して文政《ぶんせい》四年(一八二一)に直轄政策は中止になり、全蝦夷地は松前藩に返還された。

ナポレオン戦争の余波

先述のようにフランス革命後のオランダは、フランスに従属・同盟したため、フランスと戦っていたイギリスと交戦状態になった。ヨーロッパの戦争はアジアにも波及し、イギリスはアジア各地のオランダ植民地や根拠地を攻略していった。

文化五年(一八〇八)、イギリスはマカオ占領をめざして遠征艦隊を派遣し、その過程でフェートン号(ペリュー艦長)が、バタヴィア(現、インドネシアのジャカルタ)から出島《でじま》へやってくるオランダ船の拿捕《だほ》を目的に長崎へ来航した。オランダ商館員を捕らえて食料を要求し、長崎湾内の測量などをして去った。長崎奉行松平康英《やすひで》は、イギリス軍艦の不法行為を阻止できなかった責任をとって自殺した(フェートン号事件)。

文化八年、イギリスはオランダの植民地ジャワ島へ遠征をおこない、占領して支配権を奪った。そして、ジャワ副総督となったラッフルズ(イギリスの植民地行政官)は、出島の接収と対日貿易の開始を狙い、文化一〇年(一八一三)に元オランダ商館長だったワルデナールを将軍への贈呈品のゾウとともに長崎へ派遣した。しかし、当時の商館長ドゥーフらの巧みな抵抗によりその目的を果たせなかった。その後イギリスは、長崎貿易の現状では対日貿易に利益を期待できないと判断し、出島接収計画を断念した。

オランダは、寛政九年(一七九七)から文化一三年(一八一六)まで、対日貿易に自国の船を出せなくなり、オランダ船を装いながらおもにアメリカ船を雇用してほそぼそと貿易を維持する事態となった。日本国内では、北方でのロシア軍艦の攻撃と長崎でのイギリス軍艦の行動から英露同盟を疑い、また、長崎に来航する船は実はオランダ船ではなくアメリカ船で、しかもまだアメリカの独立を知らなかったためイギリス船ではないかと疑うなど、世界の地理や情勢の認識不足からさまざまな臆測と疑心暗鬼を生んでいた。

対日貿易を独占してきたオランダの混乱に乗じて、イギリスやアメリカの冒険的商人の私貿易船が、日本との貿易を求めて長崎や浦賀《うらが》にしばしば渡来した。

朝鮮・オランダとの関係

この時期から、朝鮮との関係にも変化が現れる。一一代将軍家斉《いえなり》の将軍就任を祝うため、恒例の朝鮮通信使が来日することになったが、幕府はその延期を朝鮮側と交渉して実現した。さらに通信使の応接をそれまでの江戸ではなく対馬《つしま》に変更する交渉もおこない、長い時間をかけてこれも認めさせた。直接的な動機は幕府財政の悪化にあるが、いまひとつの重要な背景に朝鮮蔑視観の高まりがある。本居宣長《もとおりのりなが》は『馭戎慨言《ぎょじゅうがいげん》』(安永《あんえい》七年〈一七七八〉)のなかで、朝鮮はもともと日本に臣属すべき国であると主張し、中井《なかい》竹山《ちくざん》は『草茅危言《そうぼうきげん》』(寛政元年〈一七八九〉)のなかで、かつての服属国朝鮮と対等の外交儀礼は無用で、対馬で応接するのが相当という議論を展開した。幕府は、朝鮮国王の手紙を「国書」と呼んできたのを、琉球国王のそれと同格の「書簡」に変更し、応接する上使の装束も、正装である衣冠束帯《いかんそくたい》を止めて直垂《ひたたれ》・狩衣《かりぎぬ》に改めようとしたことなどから、たんに財政的な理由だけではなく朝鮮蔑視観・差別観の高まりが背後にあったことがわかる。外国に対して日本を誇る「皇国《こうこく》」意識・観念の高まりも、それと深く関わっているだろう。

木村直樹氏によると、松平定信は、長崎は「日本の病の一つ」と見なして改革に取り組み、オランダ・清国との貿易額の半減令を出して大幅な縮小を狙ったが、意図通りには実現しなかった。その背景のひとつに、ロシアなどの異国船がしばしば日本へ渡来するようになったため、ロシアやヨーロッパ諸国の動向を知る必要性が高まった結果、世界情勢や地理についての情報をもたらすオランダの存在意義が再評価されたことがある、と永積洋子氏が指摘している。

海岸防備の始まり

そこで定信は、「鎖国」を維持するため海岸防備に着手した。寛政三年(一七九一)にアメリカ船、イギリス船が渡来したのを直接のきっかけに、同年九月、幕府は渡来する異国船の取扱い法を指示した。まず渡来船を臨検し、応じれば穏便に扱い、不法・乱妨《らんぼう》を働けば打ち払う手順であるが、相手の出方次第で臨機応変にという、現場に対応を任せる内容だった。ついで寛政九年一二月、異国船がよほどの不法行為を働かない限りできるだけ穏便に扱い、日本側から兵端を開くことのないように命じた。これは、穏便な対応が基本で紛争をギリギリ回避しつつも、相手の出方次第では戦争もあり得るという攘夷《じょうい》主義的な対応を残している。「鎖国」を維持するためには戦争もあるという攘夷主義的対応策は、表向きには幕末まで維持され、貿易容認策に対抗していく。

打払いもあり得ることから、幕府は寛政三年、一七世紀半ば近くの寛永《かんえい》末年に、ポルトガル船の報復攻撃を警戒して沿岸防備を命じて以来、実に一五〇年ぶりとなる海岸防備を諸大名に命じた。しかし、たとえば長州《ちょうしゅう》藩や日向延岡《ひゅうがのべおか》藩は、この幕府の命令を一八世紀初めにおこなわれた中国密貿易船の取締りと同様のものと理解しており、対外的危機に備えた海岸防備という幕府の意図は、この段階では大名側に共有されていなかった。

寛政五年三月、幕府は大名に持続可能な海岸防備態勢を求め、海防費用を領民に転嫁して苦しめてはならないと指示した。これは、財政の悪化した幕府と藩が対外的危機へ対応するために負担を領民へ転嫁し、その結果、領民と領主の間に鋭い軋轢《あつれき》を生む事態、すなわち対外的危機が国内的危機を激化させる事態への警戒からであった。海防の強化、軍備の増強は幕藩領主の財政と矛盾する、まさに「財政の壁」に突き当たる。海防を強化すると領民との矛盾が激しくなり、海防を疎《おろそ》かにすると対外的な矛盾が激化する。国内矛盾が対外矛盾への対応のあり方を強く規定する現実は、幕末の幕藩領主の対応策を制約し続けた重要な要素であった。それで

図1-6　林子平肖像(早稲田大学図書館所蔵)

も一八世紀末に、対外的危機への軍事的対応が大きな政治課題として浮上し、取り組み始めたことに重要な意義がある。

林子平《しへい》(図1-6)が『海国兵談』(寛政三年〈一七九一〉)で喝破した江戸湾の無防備状態の危険性は、ロシア使節ラクスマンが根室から江戸直航を求めたことによりあらわになった。松平定信は、林子平を奇怪異説をとなえて人心を惑わしたという罪で処罰する一方、下田・三崎《みさき》・走水《はしりみず》奉行を復活し、さらに伊豆《いず》・安房《あわ》・上総《かずさ》・下総《しもうさ》に奉行所を新設して幕臣を土着させるという、江戸湾防備策を構想した。定信みずから相模《さがみ》・伊豆を視察し、外国軍の侵攻を想定した防御施設を具体的に立案した。これは江戸を軍事的に防衛するための江戸湾防備策の嚆矢であったが、松平定信の辞職により北国郡代構想とともに立ち消えとなった。それから一七年後の文化七年(一八一〇)に、会津藩と白河藩に相模浦賀・上総・安房の海岸防備を命じて具体化した。これは、ナポレオン戦争が終結し平和が回復すればロシアとイギリスが協力して日本に軍勢を派遣する可能性がある、というオランダ商館長の勧告をうけた措置であった。

3　天皇浮上の動き

一八世紀末から一九世紀初頭に、天皇をめぐり新たな動きがみられた。それは、大きくは三点ある。第一は、天皇・朝廷みずからが、朝儀《ちょうぎ》(朝廷の儀礼・儀式)や祭祀を再興・復古させ、それにより天皇と朝廷の権威を強化しようとした動きである。第二は、天皇と将軍の関係を大《たい》政《せい》委任という考え方で説明する政治論の登場である。第三は、日本を皇国(天皇を戴く国家)として世界に誇ろうとする観念の強まりである。天皇が幕末維新期の政治過程で焦点になった事実をふまえると、これらは明治維新と日本近代の歴史を考えるうえで重要な動きといえる。

光格天皇と朝儀の復古

その頃の天皇は光格《こうかく》天皇(死後におくられた諡《し》号《ごう》・天皇号であるが便宜的に生前の叙述に使用)で(図1-7)、安永八年(一七七九)に後《ご》桃園《ももぞの》天皇の急死をうけ急きょ閑院《かんいんの》宮《みや》家(宝永《ほうえい》七年〈一七一〇〉に創設されたもっとも新しい親王家)から養子となり九歳で践祚《せんそ》した。天皇の実子ではなく親王家という傍系から天皇位についたが、文化一四年(一八一七)まで約三八年間も在位し、さらに天保《てんぽう》一一年(一八四〇)に亡くなるまで上皇《じょうこう》(院)であった。

図1-7　光格天皇像
(宮内庁所蔵)

近世では、後水尾《ごみずのお》天皇、霊元《れいげん》天皇とならんで長期にわたり強い権威を帯びた、しかも個性の強い天皇・上皇として朝廷に君臨した。

光格天皇は若くして朝廷の政務に馴れ、関白《かんぱく》の補佐をうけつつ少数の近臣の公家《くげ》と相談しながら政務を処理していたという。実はそのような天皇は当たり前のことではなく、それまでの約五〇年間ほどは、短命の天皇や女性の天皇が続いて皇統の安定的継承すら危うい状態だった。後桃園天皇は二二歳で男子の皇位継承者がいないうちに急死し、親から子へ皇位を継承できなくなったほどである。光格天皇のような姿は、朝廷では長らく見られなかった光景だった。また、天皇は学問を好み、近習《きんじゅ》の公家を御前に集め、『貞観政要《じょうがんせいよう》』(理想的政治と讃えられた中国唐《とう》代の皇帝、太宗《たいそう》の政治に関する言行録。「禁中并公家中諸《きんちゅうならびにくげちゅうしょ》法度《はっと》」で帝王学の書として天皇が学ぶべきものとされた)の勉強会などを定期的に催した。

光格天皇の特徴として二点ある。第一は、幕府に強い姿勢で臨もうとしたことである。それは、御所造営のさいのやりとりや、武家が天皇・朝廷を恐れ敬うようになる方が良いと関白に指示したことによく現れている。第二は、強い君主意識と皇統意識である。君主である天皇は天下万民に慈悲・仁恵を施すことが務めだと手紙に記し、また、天皇は上は神々に護られ、下は関白と幕府という文武官の補佐をうけて在位しているとも記している。さらに、しばしば「神武《じんむ》百二十世兼仁《ともひと》(光格天皇)」などと書き、神武天皇より一二〇代という皇統意識を表明し、文化一〇年(一八一三)には「大日本国天皇兼仁」(『宸翰英華《しんかんえいか》』)とまで署名した。

光格天皇がその中心に座って政務を処理する朝廷は、一八世紀末に近世天皇・朝廷の歴史に新たな段階を画するような動きを見せ始めた。それは、のちの天皇号の復活に象徴される活発な朝儀や祭祀の再興・復古である。

朝儀の再興・復古

江戸時代を通じて朝廷儀式などの再興が断続的になされてきたが、この時期の特徴は再興にとどまらない復古である。江戸時代に朝儀の再興・復古といっても、古代天皇制の最盛期に比べればミニチュアかもしれない。それでも彼らは真剣に取り組んだ。

天皇の即位儀礼のなかでもっとも重要な神事が、大嘗祭《だいじょうさい》である。光格天皇は、それまでの大嘗祭は略式でよろしくないとして、天明七年(一七八七)一一月に挙行した大嘗祭を、一〇世紀の貞観式《じょうがんしき》・延喜《えんぎ》式《しき》という古代朝廷儀礼に近い形に復古させようとした。どこまでできたのかはともかく、当時の人びとからは復古的大嘗祭とみられた。新嘗祭《にいなめさい》は、毎年一一月に天皇がその年の新穀《しんこく》を神に捧げともに食べる神事であり、天皇が神嘉《しんか》殿《でん》という神殿で親祭するのが本来の形式だった。江戸時代は神嘉殿もなく、略式でしかも何回もの中断をはさみながらおこなわれていたが、寛政三年一一月、朝廷は御所内に神嘉殿を新造し天皇が親祭した。朝廷は、大嘗祭と新嘗祭という二つの最重要神事を復古させたのである。

御所の復古的造営

朝廷はさらに、禁裏御所を復古的に造営させた。天明八年(一七八八)一月三〇日、応仁《おうにん》の乱以来といわれる京都大火により御所をはじめ公家屋敷などもすべて焼け落ちてしまった。御所は、幕府の手により寛政二年に再建された。朝廷は造営にあたって、古文献や古絵図を博捜して平安京大内裏《だいだいり》を研究した公家、裏松光世《うらまつみつよ》の『大内裏図考証《だいだいりずこうしょう》』の成果に基づき、復古的な御所の造営を幕府に要求した。それまでの御所は手狭で儀式に威儀が欠けるため、平安時代の内裏への復古が天皇の年来の強い希望である、という理由からだった。幕府は、厳しい財政状況を踏まえ、それまでと同じ規模の御所の再建を求め、老中松平定信が上京して説得しても朝廷は譲らなかった。結局、幕府は朝廷に押し切られ、朝儀をおこなうもっとも重要な殿舎《でんしゃ》である紫宸殿《ししんでん》と清涼殿《せいりょうでん》を、平安時代の内裏と同じ規模に復古させて造営した。部分的な復古ではあるものの、新造なった復古的な御所をながめ、六〇〇年前に生まれたような心地がする、と感想を書き留めた学者がいたほどである。

朝廷が朝儀の再興・復古、御所の復古的造営に意欲的に取り組み、それが実現し始めると、公家の間で『西宮記《さいきゅうき》』『北山抄《ほくざんしょう》』（ともに平安中期成立）など儀式書の古典や古記録などを読む勉強会が流行した。空前の復古ブームが生まれ、大小さまざまな朝儀を再興・復古させる学問的な裏付けとなっていった。古代へ復古する動きは、一見すると伝統への回帰で後ろ向きにもみえるが、現実とは異なる古代の姿の復原は現実の秩序への批判にもつながった。明治新政府の起点となった慶応《けいおう》三年（一八六七）一二月九日のいわゆる「王政復古の大号令」は、まさに王政への復古であり、「神武創業」に戻ると宣言したことからも、一八世紀末からの復古の動きを軽視すべきではない。

その後も大小さまざまな朝儀の再興・復古があった。享和《きょうわ》元年（一八〇一）の伊勢神宮への公《く》卿《ぎょう》勅使は正二位権大納言《ごんだいなごん》という上級公家が務め、嘉暦《かりゃく》三年（一三二八）以来になる伊勢神宮内《ない》宮《くう》・外宮《げくう》への神宝、荒祭宮《あらまつりのみや》への金銀の獅子形の奉納がおこなわれ、伊勢公卿勅使が復古した。さらに、石清水八幡宮《いわしみずはちまんぐう》と賀茂社《かもしゃ》臨時祭の再興がある。石清水八幡宮の臨時祭は、承平《じょうへい》・天慶《てんぎょう》の乱（平将門《たいらのまさかど》・藤原純友《ふじわらすみとも》の乱）平定の御礼として始まり、永享《えいきょう》四年（一四三二）以来中絶し、賀茂社の臨時祭は宇多《うだ》天皇が神のお告げをうけて始まり、応仁の乱後に中絶していた。とくに石清水八幡宮臨時祭は、国家の危機にさいして天皇と国家の安泰を祈ったことから始まった、朝廷にとって特別に重要な神事であり、その再興は光格天皇の悲願だった。幕府との一〇年に及ぶ長い交渉のすえ、文化一〇年(一八一三)に約三八〇年ぶりに石清水八幡宮臨時祭、翌年に賀茂社臨時祭が再興され、以後、両社一年おきの挙行となった。これにより朝廷の重要な神事はほぼすべて再興された。

御所千度参り

「はじめに」でふれたように長く続いた天明の大飢饉のピークとなった天明七年(一七八七)六月初めから、京都と周辺地域の人びとによる御所千度参りがおこなわれた。江戸や大坂をはじめとする各地の都市では未曾有の激しい打ちこわしが頻発していた同じ頃、京都では、多い日には三万とも五万ともいう人びとが千度参りをしていた。人びとは、米価の高騰や飢餓による生活と生命の危機からの救済を天皇に祈った。京都町奉行所へ数度にわたり危機の打開を陳情したが一向に埒が明かなかったので、天皇に訴願したのだという。千度参りは宗教的行動にみえるが、その本質は政治的な訴願行動だったのである。

光格天皇はこの御所千度参りをうけて、幕府へ窮民の救済を要望した。飢饉対策や窮民救済は、幕府がおこなうべき政務そのものである。このような幕府政務に関して天皇・朝廷が何ごとかを申し入れたのは、近世の歴史において先例のない行為だった。幕府は、御所千度参りや朝廷からの申入れもあり、京都所司代《しょしだい》へ救済のため米の放出を命じた。天皇が幕府の政務に口を差し挟み、幕府はそれに応えて対処した。これは、江戸時代の朝廷と幕府の関係では前代未聞の出来事であった。

朝廷が窮民の救済を幕府に申し入れたことは先例になり、天保の飢饉のピークだった天保八年(一八三七)にも、朝廷は同様の申入れをおこなっている。

尊号一件

近世の早い時期には、朝廷と幕府との関係が緊張する場面もしばしばあったが、近世的な秩序が確定するとともに協調的な関係が持続していた。ところが、寛政三年(一七九一)から五年にかけて尊号《そんごう》一件がおこり、ひさびさに朝幕間に緊張が走った。尊号一件とは、光格天皇が実父、閑院宮典仁《すけひと》親王へ譲位した天皇におくられる太上《だいじょう》天皇の称号、すなわち尊号をおくろうとしたが、幕府はそれを認めず公家数人を処罰した事件である。

禁中并公家中諸法度の規定によると、親王は宮中で関白や三公《さんこう》(太政《だいじょう》大臣・左大臣・右大臣)の後ろに座らなければならない。光格天皇は、天皇の実父にもかかわらず閑院宮が親王なのでこの規定をうけるのに耐えられない、という理由で尊号をおくろうとした。朝廷は、先例の存在を楯に、また公家の圧倒的な支持を力にしてその実現を幕府に迫り、尊号宣下《せんげ》を強行しようとした。幕府は、悪しき先例は先例にあらずと突っぱね、首謀者と見なした公家を江戸に召喚し尋問した。その結果、武家伝奏《てんそう》と議奏《ぎそう》という役職(これを両役《りょうやく》という)にある二名の公家に閉門・逼塞《ひっそく》の罰を科し、朝廷にその役職を罷免させた。

幕府が公家（官人《かんじん》）を処罰するときは、朝廷が官位を剝奪して平人にする解官《げかん》という措置を講じてからおこなう慣行だったが、幕府はその手続きをとることなく処罰した。武家も公家もともに王臣（天皇の臣下）であるにもかかわらず、官位をもつ大名を処罰するときは解官の措置をとらず、公家にはその措置をとることは、武家と公家とで処罰手続きが異なり、王臣のなかに差別を持ち込むことになるという理屈からだった。

朝廷の強硬な姿勢と幕府の慣行を破る公家処罰など、近世前期以来の緊張が朝幕間に走り、朝幕関係の変化を予感させた。

大政委任論

一八世紀末に、天皇の存在に新たな意味を見いだす言説が登場した。それは、大政委任論と「皇国」観念である。

江戸時代の天皇・朝廷と将軍・幕府との政治的な関係について、この時期、大政委任という考え方が強まってきた。武家の有職故実《ゆうそくこじつ》を研究した幕臣伊勢貞丈《さだたけ》は、天明元年（一七八一）の著作『幼学問答《ようがくもんどう》』のなかで、徳川家康《いえやす》は天皇から日本国を預かって国政をおこない、歴代将軍は天皇から任命されて国政を担当していると説明し、だから将軍は天皇の臣下であると説いた。国学者の本居宣長は『玉くしげ』（天明六年〈一七八六〉）のなかで、朝廷（天皇）と幕府（将軍）と藩（大名）の政治的関係を「御任《みよさし》」で説明した。天皇→将軍→大名という政務委任の秩序、すなわち大政委任論を説いたのである。老中松平定信も「将軍家御心得十五カ条」（天明八年）のなかで、日本の国土と人民は天皇から将軍に預けられたもので、それを統治するのが将軍の職分であり、かつ天皇への義務・責任であると論じた。朱子学者の中井竹山、蘭学者の杉田玄白ら多様な学問領域に属する人びとの中にも、そのような考え方が認められる。つまり、将軍が国政（大政）を担当する権限の由来は天皇の委任にある、という考え方であり、それゆえ将軍は天皇の臣下であるとも理解された。

松平定信（八代将軍吉宗の孫）のような老中までが、若年の将軍（家斉）を諭すのに、権現様《ごんげん》（徳川家康）でなく天皇を持ち出すところに、天皇存在の重みが増した時代の変化を読みとることができる。

大政委任という考え方は、もともとは天皇の権威により江戸幕府の全国支配を肯定し、それを強化する意義をもつ主張である。だが、天皇を日本国の君主とし、将軍をその臣下に位置づける説であるため、幕末にみるように現実の天皇と将軍との関係に変化が生まれると、君臣関係が強調され、その実質化が求められてくる。将軍・幕府にとっては、「諸刃《もろは》の剣《つるぎ》」のような言説であった。

一八世紀初頭、六代将軍家宣《いえのぶ》の侍講《じこう》という立場で幕政に深く関わった新井白石《あらいはくせき》は、朝廷は武家の都合によりたてられ、武家政権により保護される存在とし、徳川将軍権力の正統性を天皇ではなく天と徳とに求めた。ところがそれから約一世紀後の一八世紀末、老中松平定信は、天皇は神国日本の主で、その地位は神々に護られ国家と国民の興亡に深く関わり、将軍以下諸大名らは工臣であり赤子《せきし》であると論じた（寛政四年〈一七九二〉に朝廷へ伝達した尊号宣下を拒否する文書）。そして、将軍権力の正統性を天皇による委任に求めた。そこには、政治的・宗教的に超越的な権威を帯びた天皇を軸とした国家像、神国思想、そして皇国観念が示されている。

皇国観念の高まり

渡辺浩氏によると、「皇国」「皇朝《こうちょう》」の語が、一八世紀末の寛政期ころから儒学者を含む知識人のあいだでしきりに使われるようになる。国学者の賀茂真淵《かものまぶち》は、一八世紀前半から「皇国」「皇朝」を多用し、国学者は当然として、本居宣長『玉くしげ』以降は儒者も日本をさして「皇国」と書くようになった。たとえば松江藩の儒者桃西河《ももせいか》は、本居宣長が『馭戎慨言』の中で、中国を中華《ちゅうか》と名づけて貴ぶのは誤りで、皇国こそ万国第一の尊い国であるという主張に全面的に賛成した（『坐臥記《ざがき》』）。儒学者のみならず蘭学者も使う。越村美久羅《こしむらみくら》は、蘭学者大槻玄沢《おおつきげんたく》の『蘭説弁惑《らんせつべんわく》』（天明八年〈一七八八〉）の跋文《ばつぶん》に「皇国」を用い、「鎖国」の語を初めて使った蘭学者志筑忠雄《しづきただお》は、『鎖国論』のなかで日本を「皇国」と書いている。

「皇国」とは天皇の統治する国、天皇を頂点に戴く国、という意味で、本居宣長によくあらわれているように、日本を世界一の国として誇る意味を含んでいる。日本を万国一と誇る理由は、王朝がしばしば交代する中国と異なり、万世一系の天皇が持続しているという国家の安定性にある。日本は天皇を戴く世界に比類のない国と誇る皇国観念は、皇国内部の政治論である大政委任論を組み込んで、いわば日本の「国の形」として観念化されていく。これは国際的にはまったく通用しない独善的な自尊史観・観念であるが、皇国が「屈辱を受けた」「侮辱された」と感じると、凄まじいまでの反発を引き起こす。幕末の国家的危機、欧米列強への従属化の危機意識が高揚するなか、皇国への狂信と激情が生み出された。尊王と攘夷が結合して尊王攘夷運動として展開し、それが欧米諸国へ対抗しようとするエネルギーの源泉ともなった。

近世日本の政治体制や国家意識・観念のうえで、このように天皇が新たに重要な位置を占めるに至った。幕末の対外的危機の深刻化とともに「皇国」は氾濫し、それに支えられて天皇は現実政治の頂点に押し上げられる。その前提は一八世紀末から始まるのであり、おもむろに天皇・朝廷は政治的に浮上を始めた。

第二章　内憂外患の時代へ

1　幕府政治の退嬰化

財政危機と貨幣改鋳

松平定信の老中辞職後も、幕政の基本的なあり方は「寛政の遺老《いろう》」と呼ばれる老中たちに引き継がれ、文化年間(一八〇四～一八)は倹約令による緊縮財政策が維持された。しかし、蝦夷地直轄経営などの政策経費に加え、将軍家斉(図2-1)の五〇人をこえる多数の子女の縁組みなど将軍家経費が嵩み、幕府財政の運営は困難をきわめた。

文化一四年(一八一七)に老中の中心的位置にいた松平信明《のぶあきら》が死去し、家斉の側用人《そばようにん》を兼ねて老中格に就任した水野忠成《ただあきら》が実権を握ると、幕政は大きく転換していった。その変化をよく示したのは、緊縮財政策から貨幣改鋳《かいちゅう》による益金《えききん》(出目《でめ》)を新たな財源とした財政構造に転換したことである。幕府は、慶長《けいちょう》金銀を元禄《げんろく》金銀に改鋳した元禄時代以来となる益金目当ての貨幣改鋳を開始した。それまで通用していた元文《げんぶん》金銀の金銀含有量を減らして文政金銀に改鋳し、多額の利益を手に入れ幕府財政を運営した。益金は、金貨で文政元年(一八一八)から九年までの総額が一八〇万八五四〇両、一年平均にすると二〇万両、銀貨で文政三年から天保六年(一八三五)までの総額(両に換算)が三八三万八五六七両、一年平均にすると二五万両となり、毎年の平均で合計額は四五万両にもおよんだ。打出の小槌を振るかのようにして手に入れた益金による財政支出の増加は、消費を刺激して商品生産を活発化させ、華やかな消費時代を生みだしていった。だが、質の劣る貨幣の大量鋳造は物価の上昇を引き起こし、物価問題が幕政の重要課題となっていった。

図 2-1　徳川家斉像(徳川記念財団所蔵)

貨幣改鋳を主導した老中水野忠成の業績を讃えた『藩《はん》秘《ひ》録《ろく》』すら、改鋳はやむを得ない策だったと正当化するものの、仁政を傷つけたとも書かざるを得なかった。文政四年ころのことで、贋金づくりの罪で処刑場へ向かう途中の罪人が、贋金をつくった罪で処刑というなら、幕府役人の罪はもっと重いはずだと大声で叫んだという。文政金銀は、贋金づくりに贋金呼ばわりされたほどのものだった。

諸大名の財政は、財政緊縮と殖産興業・国産専売制の実施などの藩政改革にもかかわらず悪化していった。そのことを象徴的に示すのは、現職の老中を含む幕府重職たちによる、大坂における不正な無尽《むじん》の横行である。そもそも武家が無尽に関わること自体が違法であった。まして文政期に上方でさかんにおこなわれた無尽は、バクチ同様の射幸心をあおる仕組みの悪質なものだった。しかもその講元《こうもと》に大名ら武家がなり、労せずして多額の利益を手にしていた。大坂町奉行所与力《よりき》の大塩平八郎《おおしおへいはちろう》が探索し、その実態が調べ上げられると、幕府は不正無尽に手を染めている老中らへ密かにその整理を指示し、西丸《にしのまる》老中だった水野忠邦《ただくに》などは、証拠隠滅のため関係書類の焼却を家臣に命じた。

不正無尽の横行

幕府は悪貨への貨幣改鋳、そして大名は不正無尽など、なりふり構わぬ手を使って財政を補塡せざるを得ないところまで、幕藩領主は財政的に追い込まれていた。対外的な危機への対応は、この「財政の壁」に規定されることになる。

幕府政治の劣化

この時期の幕政の特徴として、将軍家斉の恣意的な政治が目に余り、幕府政治全体の退嬰《たいえい》化、劣化がみられた。その背景には、側用人を兼務した水野忠成や御用取次《ごようとりつぎ》、さらには愛妾《あいしょう》の養父など将軍側近が権勢をふるい、田沼時代の再来かといわれた幕政の構造が生まれたことにある。そのため、実父で一橋家の徳川治済《はるさだ》の意向も加わり、将軍家斉のさまざまな意思が通りやすくなっていた。家斉が天保一二年(一八四一)に亡くなるまでの期間は、「大御所時代」ともよばれ、内外の危機に無頓着で能天気な時代とみなされてきた。

それを示すものの一つが、将軍と大名の官位の異常なほどの上昇である。文政八年(一八二五)、家斉の実父で従一位権大納言の徳川治済が、准大臣《じゅんだいじん》(権大納言の上で内大臣の下)に昇進した。御三卿《ごさんきょう》(田安・一橋・清水の三家。御三家につぐ家格)は、それまで従三位権中納言が極官《ごっかん》(官位の上限)なので、前例にない昇進を遂げたのは、幕府からの強い働きかけにより朝廷が認めた結果だった。また文政一〇年には、家斉が従一位で太政大臣、世子《せいし》家慶《いえよし》が従一位で内大臣に昇進した。現職の征夷大将軍が太政大臣を兼ねるのは、足利将軍に先例がなく、徳川家康すら太政大臣に昇ったのは将軍辞職後だったので、日本の歴史上初めての出来事だった。これは、家斉が将軍在職四〇年になるのを誉め讃えて欲しいと朝廷へおねだりして実現したのである。

官位は、天皇が授与する栄典である。家斉は、本人のみならず実父、実子、妻、母、孫などまで前例のない高位高官にのぼらせ、天皇権威に依存して将軍家を荘厳化し権威づけようとした。それにとどまらず、家斉は子女の縁組み先大名の官位も引き上げたため、官位の高下が重要な要素となっている大名間の家格秩序が混乱した。武家の官位は、天皇が授与する形式であったが、その決定権は足利将軍の時代から将軍の手にあった。そこで諸大名は、先例によってほぼ定まっていた家ごとの官位の上限を越える昇進を、多額の賄賂を使ってまで幕府に働きかけ実現していった。将軍から大名まで、官位を従来より高めることによって自らを権威づけようとした動きは、天皇を頂点とする権威秩序にもたれかかり、天皇権威にすり寄る行為に他ならなかった。

不公平な幕政

第二に、家斉の子女の縁組み先大名を、拝借金の貸与や領知の加増で優遇した不公平な措置である。拝借金とは、大名が居城の火災や領内の災害により財政面で苦境に陥ったさい、幕府が無利子で融資して援助する制度で、幕藩領主の利害を代表する将軍からの恩典であった。幕府は財政難から文化文政期に拝借金を厳しく抑制していたが、縁組み先の大名へは藩財政の困難という理由にもかかわらず手厚く拝借金を認めていた。さらに、津山《つやま》藩松平家に五万石、越前《えちぜん》藩松平家と明石《あかし》藩松平家に二万石など多額の加増や、有利な地への所替《ところが》えすらおこなった。これらは、家斉子女の縁組み先大名を露骨に優遇した不公平な措置だったため、それ以外の大名の憤懣をかっていた。天保一一年(一八四〇)の三方領知替《さんぽうりょうちが》えが失敗する伏線となり、幕府・将軍権力は手痛い打撃をこうむることになる。

ゴロヴニン事件の解決によりロシアとの緊張が緩和されると、幕府は江戸湾防備の態勢も緩めた。文政三年(一八二〇)に会津藩、文政六年に白河藩の江戸湾警備の任を解いて大名による江戸湾防備態勢を止め、それぞれ担当を浦賀奉行と代官に替えた。また文政四年には、寛政一一年(一七九九)から幕府が大きな力を注いだ蝦夷地直轄政策を止め、全蝦夷地を松前藩に返還してしまった。

幕府のお膝元ともいうべき関東地方は、幕領・大名領・旗本領が入り組んでいたことが一因となって、無宿者や浪人が横行して治安が悪化した。そこで幕府は、領主の違いを越えて村むらを組み合わせた改革組合村を結成させる、新たな広域の支配政策を採用した。しかしこの文政の改革とよばれる改革を除けば、幕府政治には積極的な姿勢が薄れ退嬰化していった。

天皇号の再興

朝廷は、天皇権威にすりよって来る幕府へ官位授与などの恩を売り、その見返りにさまざまな実利を獲得していった。たとえば、江戸時代前期に後水尾上皇の山荘として造営され、その後に荒廃していた修学院離宮《しゅがくいんりきゅう》を文政七年(一八二四)に修復させ、光格上皇の御幸《ごこう》を幕府の多額な負担で再興させた。さらに、天保八年(一八三七)には朝覲行幸《ちょうきんぎょうこう》を幕府の一万両もの負担により再興させた。朝覲行幸とは、天皇が正月に父母である上皇・皇《こう》太后《たいごう》の御所へ行幸し年賀の挨拶をする儀礼で、親への孝を表すものである。院政期には年中行事になっていたが、鎌倉時代に減少して元亨《げんこう》三年(一三二三)の後醍醐《ごだいご》天皇のそれを最後に廃絶していた。江戸時代には、明正《めいしょう》天皇と後光明《ごこうみょう》天皇に朝覲行幸に類似した行幸があるものの正式なものとはされなかった。これもまた長い交渉の末、幕府は朝廷との円滑な関係の維持を優先させ、巨額な負担により再興を決めた。

特筆すべきは、天保一一年(一八四〇)に亡くなった上皇(兼仁《ともひと》)へ、光格天皇とおくられたことである。歴代天皇の死後におくられる称号のうち、「○○天皇」のように天皇号をおくることは、康保《こうほう》四年(九六七)に亡くなった村上天皇で中絶し、その後はずっと後醍醐院のような「○○院」という院号だった。また「○○」の部分、たとえば「桓武《かんむ》」のように生前の功績を讃えておくる美称を謚号といい、「後醍醐」のようにそのような意味を含まないのを追号《ついごう》といった。「桓武天皇」のような「謚号＋天皇号」は、仁和《にんな》三年(八八七)に亡くなった光孝《こうこう》天皇で中絶していた。

朝廷は、天保一一年一一月に亡くなった上皇へ、幕府と交渉の末その許可を得て翌年閏《うるう》一月に「謚号＋天皇号」である光格天皇とおくった。これは実に九五四年ぶりの復古であり、天皇号も八七四年ぶりの復活であった。古代の亡霊のような天皇号の再興には、天皇が日本における価値(権威)秩序の最上位、「極尊」であることを明示する意味があった。それは、文化一〇年(一八一三)に光格天皇がみずから称した、「大日本国天皇兼仁」の具体化ともいえる。

2　アヘン戦争の衝撃

捕鯨船の登場

幕府政治の退嬰化が進むなか、対外関係に新たな局面が生まれつつあった。ヨーロッパでは、一八一五年(文化一二)にナポレオン戦争が終結し、ウィーン体制の確立により平和が回復し政治的な安定が生まれた。独立を回復したオランダは、イギリスからジャワ島も返還されて植民地の再建をはかり、一八一七年から自国の船による対日貿易を復活させた。この結果、日本の対外関係も安定するかに見えた。しかし、日本の港や周辺海域に渡来する異国船は増加し、それへの対応にいっそう苦慮するようになった。

その背景には、太平洋を横断して中国へ向かう欧米の商船の増加とイギリスやアメリカの捕鯨船の登場があった。寄港地あるいは避難港として、ハワイ諸島、小笠原諸島、そして日本列島が注目されるようになった。一八世紀に北極海や大西洋で、灯油やローソクの原料となる鯨油と鯨のヒゲの獲得を目的におこなわれていた捕鯨は、一九世紀にはいると、南太平洋からさらに北太平洋にまで漁場を広げ、日本の太平洋岸は好捕鯨場であることが知られた。捕鯨船は、乱獲がたたって資源が枯渇し始めた毛皮交易の商船に代わって登場した。その結果、文政五年

(一八二二)四月に浦賀に渡来したイギリス捕鯨船サラセン号のように、長期の海上操業により不足する食料や水、そして鯨油を煮る燃料を求めて寄航したり、沿岸で操業する日本漁船や沖合を航行する廻船《かいせん》と接触するようになった。

異国船打払令

異国船の目撃や接触情報が頻繁に伝えられ、文政七年(一八二四)五月には、イギリス捕鯨船の船員が、常陸大津浜《おおつはま》(現、茨城県北茨城市)に小船で上陸し、食料の購入を求める事件がおこった。さらに同年八月、イギリス捕鯨船が薩摩《さつま》藩領宝島に渡来し、上陸した乗員が牛などを奪い取り、そのうちの一人が射殺される事件もおこった。

会津藩と白河藩による江戸湾防備を止め、警衛態勢を縮小させた後の浦賀では、浦賀奉行所を軸とし、相模小田原藩と近くに飛び地領を与えられた武蔵川越《むさしかわごえ》藩の援兵とを組み合わせる態勢をとっていた。しかし、商船や捕鯨船がたった一艘でも渡来すると大規模な警備行動をとり、その経済的な負担は大きかった。そのため、海防負担の領民転嫁による国内矛盾の激化を避け、効率よく異国船の渡来を阻止する方策が模索された。イギリス捕鯨船員の上陸事件をきっかけに、幕府内部で海防態勢見直しの議論が始まった。

幕府天文方《てんもんかた》の洋学者高橋景保《かげやす》は、文政七年七月に意見書を提出し、渡来するのは捕鯨船であり、阻止するため各地の沿岸要所に砲台を設置し、空砲を放って威嚇するという打払策を提起した。さらに、勘定奉行や目付からも異国船対策の提案があった。これらをうけて幕府は、勘定奉行・勘定吟味役と大小目付の四名に異国船対策の立案を命じた。しかし、強硬な打払策と軽微な海防態勢を主張する勘定奉行らと、沿岸要地数か所に幕府奉行所を新設し、さらに一〇万石以上の四大名を組み合わせる本格的海防態勢を主張する大小目付が対立した。幕府は、三奉行(寺社奉行・町奉行・勘定奉行)の評議を経て、文政八年二月、異国船打払令を発令し、渡来した異国船をたとえ漂流船であっても無差別に砲撃し撃退するよう命じた。

打払令の真意

異国船を打ち払うための軍事力については、村役人を中心に沿岸住民を組織することと、大名間の相互援兵を指示する程度にとどまった。無差別に異国船を打ち払う強硬策だが海防態勢は軽微という、一見すると矛盾しているのが特徴的で、実効性の疑われる政策である。この評議のなかで、百姓・町人が異国人を憎み敵愾心《てきがいしん》を持つようにすることが重要だと主張された。それは、大津浜漁民がイギリス捕鯨船員との別れを名残惜しそうにしていた実情などが背景にあるが、民衆が異国人への憎悪や敵愾心とは程遠いところにあったことは、ペリーが来日した時の好奇心溢れる人びとの行動からも明らかである(後述、一四六頁)。

異国船打払令には、海防のための多額な財政負担を嫌う幕府勘定方の意向が強く働き、海防負担の領民転嫁による国内矛盾の激化を避けようとする意図もあった。また、無謀で危険と思われる異国船打払令を出しても、渡来する船は漁船や海賊船なので攻撃しても戦争にはならないし、はるか遠いイギリスが万里の波濤を越えて日本と戦争するために軍艦を派遣することなど考えられない、という幕府の甘い情勢認識に支えられていた。しかし、この認識は、一六年後のアヘン戦争情報により根底から覆される。

幕府の真意とは別に、水戸学者の会沢安《あいざわやすし》(正志斎《せいしさい》)は文政八年、この異国船打払令を攘夷策と理解して誉めたたえ、これを好機に対外的危機へ対応するため天皇を軸とする人心統一を論じた『新論《しんろん》』を書き、幕末の尊王攘夷運動を思想的に支えることになった。

蛮夷と一揆

同じ頃、寛政の改革を主導しすでに退隠していた松平定信は、二〇〇年続いた泰平の世に恐るべきものは「蛮夷《ばんい》」と「百姓の一揆」(『函底秘説《かんていひせつ》』)、つまり幕藩制国家にとって恐るべきは、蛮夷＝対外的危機と百姓一揆＝国内的危機の二つであると喝破した。迫り来る危機の本質を内憂外患と鋭く洞察し、それへの対応を論じた。会沢や定信は、内外の情勢に危機感の薄い幕府政治に警鐘をならしたのである。

「百姓の一揆」は間もなく現実のものとなった(図2-2)。寛政期から文化文政期は比較的豊

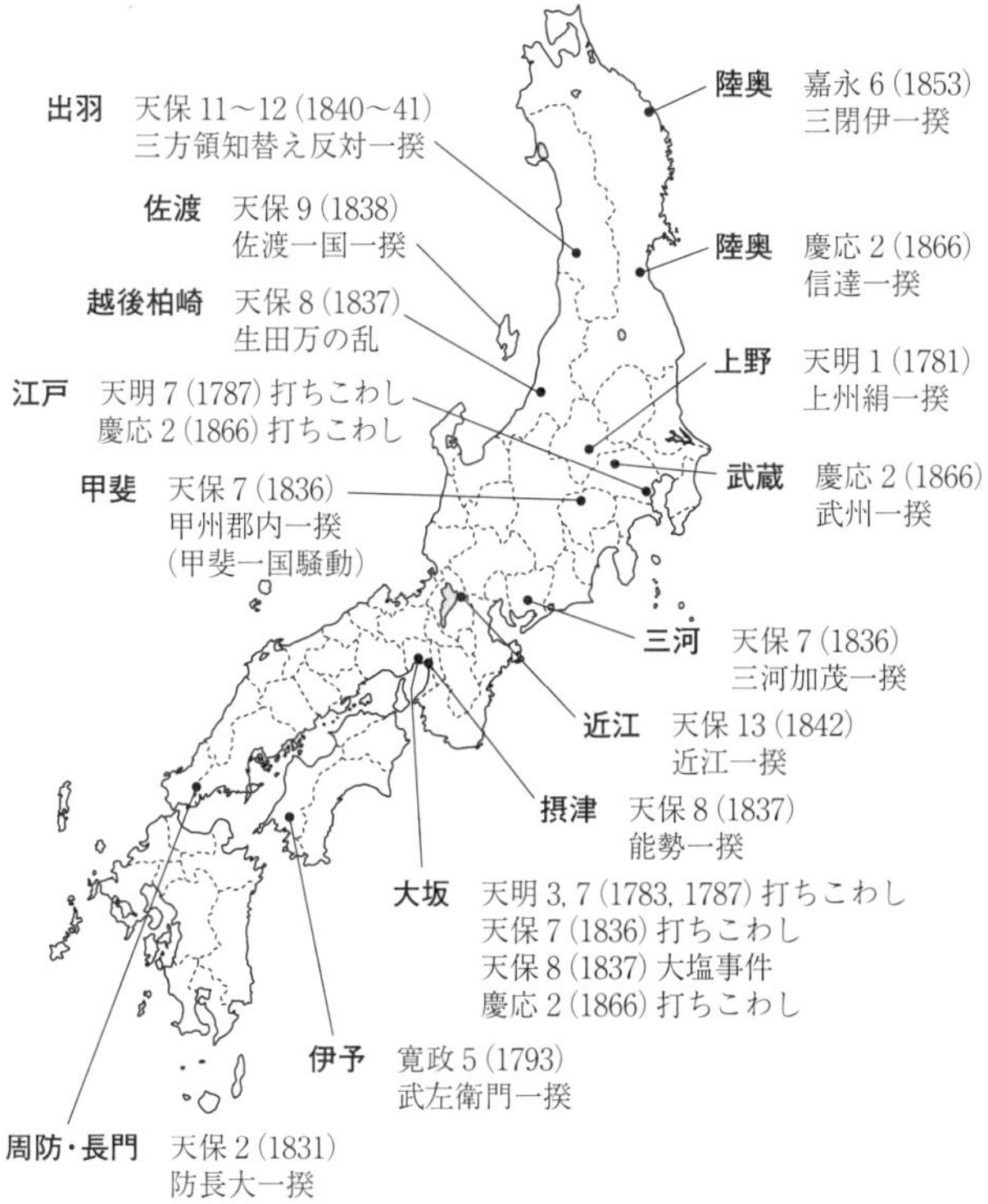

図 2-2　江戸時代後期以降の主な百姓一揆・打ちこわし

作が続き、幕藩領主は米価の下落に頭を悩ませたほどであった。しかし、天保期に入ると一転し天明の大飢饉の再来を思わせる凶作が続き、とうとう天保の大飢饉となった。米価の高騰は、都市住民のほか、畑作地帯や商品生産が発展し日常的に米を購入して暮らす農村部の住民(買《かい》喰《ぐい》層とよばれた)に大打撃を与えた。その結果、激しい打ちこわしを伴う百姓一揆が、この厳しい凶作、飢饉を引き金にして全国的に激発した。天保七年(一八三六)の甲州郡内《ぐんない》一揆(甲斐《かい》一国騒動)、一万人以上が立ち上がった三河加茂《かも》一揆、天保九年の佐渡《さど》全島での打ちこわし(佐渡一国一揆)は、とくに規模の大きな一揆だった。

　天保八年、元大坂町奉行所与力で陽明学者として著名な大塩平八郎が、窮民救済を大坂町奉行所に掛け合ったが受け入れられず、それどころか大坂の米を江戸に回送しようとしたことに怒り、門弟らを率いて蜂起した大塩事件は、幕藩領主を驚愕させた。大塩事件に呼応し、国学者生田万《いくたよろず》が同志を募って越後柏崎の桑名藩陣屋を襲う事件などもおこった。

　水戸藩主徳川斉昭《なりあき》は、これらの事件をうけて、天保九年に「戊戌封事《ぼじゅつふうじ》」を書いて内憂外患の危機的現状を詳細に説き、幕政改革の緊急性を幕府に訴えた。幕藩領主の先鋭部分は、内憂外患の危機を明確に認識していたのである。

モリソン号事件

天保四年、尾張国の船宝順《ほうじゅん》丸がイギリス領バンクーバーに漂着した。現地イギリス商社は、救助した音吉《おときち》ら三名の漂流民を対日貿易交渉の道具に使おうと、ロンドン経由でマカオへ移送した。マカオのイギリス貿易監督次官らは、音吉らの日本送還を利用して対日貿易交渉を計画したが、本国政府は対日貿易に消極的で了解を得られなかった。結局、アメリカ商人キングが中心となり、九州からの漂流民四名も加え、アメリカ商社オリファント商会のモリソン号で送還することになった(図2-3)。

図2-3　モリソン号(「異船打払ノ始末届書」より，国立公文書館所蔵)

天保八年(一八三七)六月、日本人漂流民を乗せたモリソン号は、日本との貿易交渉をめざして浦賀に渡来したが、浦賀奉行所は異国船打払令に従って砲撃し退去させた。モリソン号はやむなく鹿児島をめざしたが同地でも砲撃をうけ、むなしくマカオへ帰港した。

翌年、オランダ商館長は、浦賀に来航した異国船はイギリス船(アメリカ船の誤り)モリソン号で、目的は漂流民送還をかねた対日貿易交渉だったという秘密情報をもたらした。幕府は、日本人漂流民を送還するようオランダに申し渡してはどうかという長崎奉行の伺書《うかがいしょ》を、勘定奉行、大小目付、評定所一座、林大学頭述斎に諮問した。伺書を支持する勘定奉行・大小目付、漂流民送還の異国船を打ち払うのは無法であり、異国人漂流民の保護を充実させるべきだと打払令猶予を主張する林述斎、伺書に反対し異国船打払令の厳守を主張する評定所一座、と幕府内部の意見は一致しなかった。幕府の決定としては長崎奉行の伺書を採用したが、異国船打払令を見直すことはなかった。

蛮社の獄

評定所一座が異国船打払令を厳守すべしと主張したのを漏れ知った尚歯会《しょうしかい》の高野長英《ちょうえい》は『戊戌《ぼじゅつ》夢物語』、渡辺崋山《かざん》は『慎機論《しんきろん》』を書いて、異国船打払令がイギリスとの紛争を招く危険性を指摘した。世界の地理や情勢を知る蘭学者や知識人たちは、対外的危機の深刻さと幕府の対応の危うさを深く憂慮していた。

モリソン号事件をきっかけに、幕府は再び江戸湾防備の再構築を模索し、江戸湾防備策の調査・立案を、蘭学者で伊豆韮山《にらやま》代官の江川英竜《えがわひでたつ》(太郎左衛門)と、林述斎の子で目付の鳥居《とりい》耀蔵《ようぞう》へ別々に命じた。鳥居は、従来通り浦賀奉行や代官を軸とし近隣大名の援兵を組み合わせた軽微な防備策を提出し、江川は、一〇万石以上の大名を組み合わせた本格的な防備策を立てて一致しなかったため、成案を得られなかった。この江戸湾防備策をめぐる対立も一因となって、天保一〇年に蛮社《ばんしゃ》の獄が引き起こされた。

儒学の家元ともいうべき林述斎のように、昌平黌《しょうへいこう》(幕府の学問所)の儒者までが蘭学に心を寄せて学んでいる状況に嫌悪感をもつ者、水戸藩主徳川斉昭のように、蘭学禁止すら主張する者、さらに天文方の渋川六蔵《しぶかわろくぞう》のように、蘭学が幕府の外部に拡散している状況を危惧する者もいた。紀州藩儒者遠藤勝助が主宰し、渡辺崋山などの蘭学者・幕臣・儒者・文人らが集う尚歯会のような蛮社(蛮学社中の略で洋学仲間の意味)や、蘭学そのものを取り巻く政治状況には危ういものがあった。

目付の鳥居耀蔵が、渡辺崋山らが小笠原諸島(当時、無人島と呼ばれた)渡航計画に関わっていると罪状をでっちあげ、天保一〇年に崋山や蘭学者らを弾圧したのが蛮社の獄である。小笠原諸島渡航計画と無関係であることは明らかになったが、家宅捜索で『戊戌夢物語』や『慎機論』が押収され、幕政批判にあたるとして崋山は国元蟄居《ちっきょ》を命じられ三河田原《たはら》で自害し、長英は獄につながれ、江戸の火事を利用して脱獄したが各地を転々とする逃亡生活を余儀なくされた。

アヘン戦争勃発

幕府では、将軍(天保八年から大御所)家斉とその側近が幕政の実権を握り続け、内憂外患の危機への積極的な対応策はとられなかった。しかし一八四〇年(天保一一)、アヘン密輸問題に端を発した中国とイギリスとの戦争であるアヘン戦争が本格化し

図 2-4　描かれたアヘン戦争(『海外新話』嶺田楓江著，挿絵，早稲田大学図書館所蔵)　林則徐がアヘンを処分する場面を想像して描いたもの

た(図2－4)。

一八世紀後半、イギリスはインドで大規模にアヘンを栽培させ、中国へ輸出して茶の輸入による貿易赤字を埋め合わせようとした。アヘンの輸入は一八二〇年代から急増し、中国は、銀の大量流出と健康被害を理由にしばしばアヘン禁止令を出していた。しかし効果がみられなかったため、一八三九年に欽差《きんさ》大臣として広州へ特派された林則徐《りんそくじょ》は、アヘン厳禁策を断行し、イギリス商人からアヘンを没収するなどの強硬策に打って出た。

清朝中国の時代に唯一西洋人の来航が許可されていた広州での貿易は、中国政府の監督下で特許商人が結成した組合である公行《コホン》が貿易を独占する仕組みだった。それは、幕府(長崎奉行)の監督下に長崎会所が貿易を独占した長崎貿易とよく似ていて、国家が管理・統制する管理貿易であった。イギリス政府は、この広州における貿易体制に強い不満をもち、自由貿易を求めていた。これは、産業革命を推し進め、工場製品の販売市場の拡大を求めるイギリス産業資本の要求に応えるものであった。

イギリス政府は、林則徐のアヘン没収という強硬策を好機ととらえ、懸案解決のために遠征軍の派遣を決定した。一八四〇年以降、イギリス軍は中国の沿岸各地を攻撃し、上海《シャンハイ》などを攻略して南京《ナンキン》に迫りついに中国を屈服させた。一八四二年(天保一三)八月に南京条約が結ばれ、広州・上海など五港の開港、公行の廃止と自由貿易、香港《ホンコン》の割譲、そして領事裁判権などをとり決めた。敗戦により中国は開国し、開港された上海など五港では自由貿易がおこなわれることになった。この結果、中国はイギリスを先頭とする資本主義的世界市場へ強制的に編入され、半植民地化の起点となった。まさに東アジア世界の秩序が解体する激動が始まったのである。

アヘン戦争の衝撃と教訓

アヘン戦争が勃発し、しかも中国が劣勢という情報は、早くも天保一一年(一八四〇)七月に長崎へ入港したオランダ船が伝えた。提出された別段風説書《ふうせつがき》(通常の風説書の他に提出した臨時情報)には、アヘン貿易の実態とそれをめぐるイギリスと中国の紛争が軍事衝突に発展し、海戦での激しい砲撃戦と清国の劣勢が記されていた。その後、長崎に入港する中国船が、唐船《とうせん》風説書により刻々と戦争の推移を伝えた。

ヨーロッパから万里の波濤を乗り越えて軍艦を派遣し、日本を攻撃し侵略するなどあり得ない、という異国船打払令を評議したころの幕府や、中国は大国なので西洋から攻撃されるとすれば日本が先だと推測していた水戸藩主徳川斉昭らの判断は、このアヘン戦争の冷厳な事実により吹き飛んだ。そして、欧米列強の矛先は、中国の次に日本へ向けられるという恐怖に襲われたのである。アヘン戦争情報は、まさに衝撃的であった。

天保一一年一二月入港の中国船は、イギリス軍艦四四隻が寧波《ニンポー》の定海県を激しく攻撃し、多くの死傷者が出たとともに同県が占領されたことを伝えた。一連のアヘン戦争情報を入手した老中水野忠邦は、天保一二年一月、中国はアヘン貿易の処理を誤ってイギリスと戦争になり、イギリス軍艦の攻撃をうけて国土の一部を占領された、と的確に情勢を認識し、さらに、異国の出来事ではあるが「自国の戒め」にしたいという教訓を引き出した(佐渡奉行川路聖謨《かわじとしあきら》宛の手紙)。水野忠邦のようなアヘン戦争を日本の教訓にするという冷静な認識は、幕末における幕府の対外政策の選択にとってきわめて重要な意義をもった。

すなわち、アヘン戦争を引き起こした中国の二の舞(「広東《カントン》の覆轍《ふくてつ》」とも)をしないという政策選択は、幕府内部の合い言葉に近かったからである。このような避戦の選択は、一八世紀末のロシア使節ラクスマンとの交渉時からすでに出ていた。アヘン戦争情報以後、幕府は欧米列強との戦争をなんとしても回避しようとする避戦政策を、より確固に一貫して採用していく。ただ、祖法としての「鎖国」は維持したいし戦争も避けたい、というまことにムシの良い両立し難い思惑であった。

水野忠邦はさきの手紙のなかで、モリソン号事件後の江戸湾防備計画が具体化できず、店ざらし状態になっていることに焦燥感を募らせていた。ここから、戦争は避けるが軍事的には備えるという両面政策が採用され、異国船打払令の撤回と海岸防備の強化、軍事力増強が政治日程にのぼってくる。アヘン戦争をきっかけに東アジア世界の秩序が解体しはじめた状況のもとで、欧米列強の強烈な外圧に抗い、国家と国民の対外的独立のための必死の政治的軍事的な努力が、日本でも試みられる。その初発が天保の改革であった。

3　対外的危機と天保の改革の始まり

将軍権力の弱体化

内憂外患の危機を眼前にして、この難局に対応できる政治的体力が幕府に残っているのかどうかを疑わせる事件が起こった。それが、三方領知替えの失敗である。幕府は、天保一一年(一八四〇)一一月、出羽《でわ》庄内藩酒井《さかい》家を越後《えちご》長岡《ながおか》へ、越後長岡藩牧野《まきの》家を武蔵川越へ、武蔵川越藩松平家を出羽庄内へ転封《てんぽう》することを命じた。三大名を玉突き式に所替えする三方領知替えは、江戸時代に七回おこなわれ、それほど珍しいことではなかった。しかし、翌年七月、幕府はこの命令を撤回してしまった。

今回の三方領知替えの発端は、川越藩松平家が将軍家斉の第五三子斉省《なりさだ》を養子に迎えたのを利用して、破綻しかかった藩の財政をより条件の良い領知への所替えによって打開しようと、家斉に働きかけたことにあった。直近では天保七年、やはり家斉の子を養子に迎えた上野館《こうずけたて》林《ばやし》藩松平家が、はるかに良い条件と見られた石見《いわみ》浜田《はまだ》へ所替えになった例がある。今回の転封が、家斉の子女を迎えた大名を露骨に優遇する不公平な幕政によることは誰の目にも明らかだった。これより以前の領知替えは、幕府が恣意的におこなうものではなく、たとえば大名側に何らかの落ち度があってその処罰としての所替えなど、他の大名がその理由を理解できるし、やむを得ない措置だと納得できるものとなっていた。ところが、牧野家にも酒井家にも所替えさせられるほどの落ち度があるとは思われなかったので、幕府の恣意性が際だった。はっきりした理由もなく転封されたのでは堪らないという不安と、不公平な幕政への積もり積もった憤懣が重なり、大名たちが幕府批判の意を込めて所替えの理由を問いただす文書を幕府へ提出するまでに至った。

とくに庄内藩領民が、大集会を開いて所替え反対の意思を固め、仙台藩や水戸藩へ訴願し、さらに江戸へ代表を派遣して老中らへの駕籠《かご》訴《そ》を繰り返すなど、激しい反対運動を展開した

図2-5　三方領知替えに伴い庄内藩で起こった一揆の様子(「百姓一揆絵巻」部分，天保13年，横浜市歴史博物館所蔵)

(図2-5)。このような諸大名の動きや庄内藩領民の反対運動をうけて、将軍家慶は所替えの実行は困難で、中止こそ天意人望に叶うと判断し、老中水野忠邦の反対を押し切って三方領知替えを撤回させた。

諸大名の領知を没収(改易《かいえき》)したり他の場所へ移動させる(転封・所替え)のは、世界史的にも江戸幕府・徳川将軍に特徴的な権限とされる。そこに、将軍権力の強大さを認めることができる。しかも、いったん発令した所替え命令を撤回した事例はこれまでになかった。諸大名の不満や領民の反対運動によって所替えを撤回せざるを得なかったことは、将軍権力の弱体化を露呈するとともに、今後の幕政運営の困難さを予感させるに十分だった。内憂外患の危機を乗り越えてゆくだけの政治的体力が幕府・将軍に残っているのか、それが疑われる事態であった。

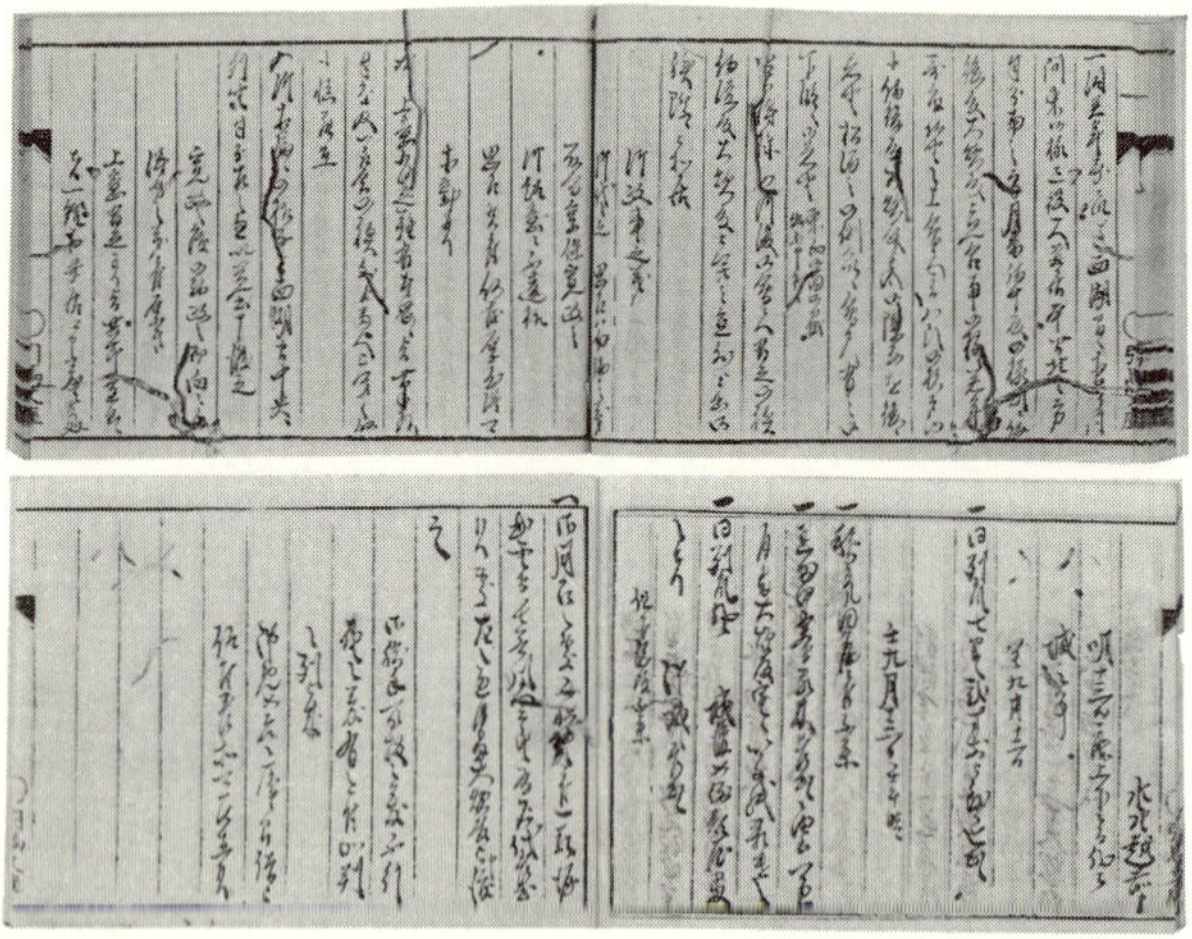

図 2-6　水野忠邦の日記(首都大学東京図書館所蔵)　上は天保の改革を開始した天保 12 年 5 月 15 日の，下は忠邦が罷免された天保 14 年閏 9 月 13 日の，それぞれ部分

そのような状況のもとで、幕政の根本的な改革をめざして、天保の改革という大規模な幕政改革が断行された。

天保の改革の断行

切迫してきた未曾有の内憂外患に対処する幕政改革の機会は、天保一二年(一八四一)閏正月、大御所家斉の死去という偶然により訪れた。将軍在職五〇年、大御所三年と半世紀以上にわたって幕府に君臨した家斉に代わり、将軍家慶とその信任を得た老中水野忠邦が幕府の実権を握った。そして、家斉の側近として権勢を振るった若年寄らを罷免あるいは処罰して一掃し、喫緊の課題となっていた幕政改革の態勢を整えていった。

天保一二年五月、天保の改革が断行され

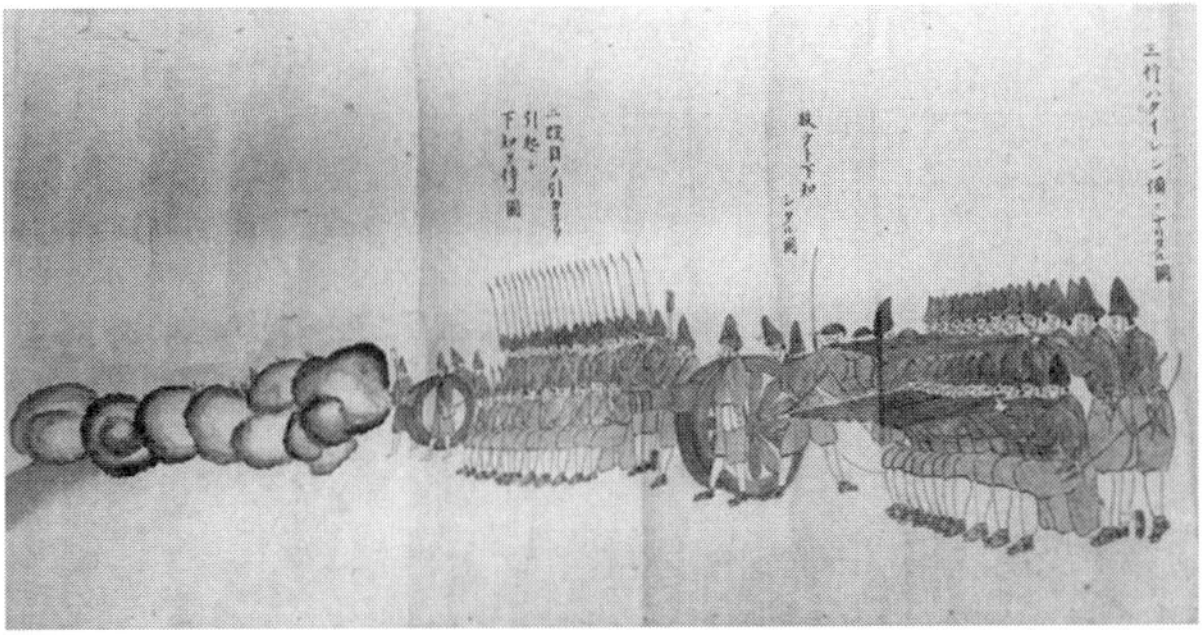

図2-7　銃陣図(国立公文書館所蔵)　徳丸原での砲術演習を描いた巻子本の写本とされる

た(図2―6)。この幕政改革の歴史的な性格をよく表現するものは、改革を宣言する直前に、アヘン戦争を教訓に日本の砲術の西洋化を建言していた、長崎町年寄で西洋砲術家の高島秋帆《たかしましゅうはん》を江戸に招き、武蔵徳丸原《とくまるはら》(現、東京都板橋区)で西洋砲術(高島流砲術)の演習を実施させたことである。

高島秋帆は、長崎町年寄を務めながら長崎奉行所鉄砲方《てっぽうかた》を兼任した関係でオランダ商館員に西洋砲術を学び、西洋式銃砲をオランダから入手して高島流を称した。西南諸藩の藩士が秋帆に入門したため、西南日本ではかなり普及していた。秋帆は、アヘン戦争の情報を入手するや、天保一一年九月、イギリスと中国の軍事力を分析してその優劣を大砲に求め、日本の砲術を西洋化する必要性を説く意見書を幕府へ提出した。幕府は、同年一二月に秋帆を幕臣に登用し、翌天保一二年五月九日、老中以下が臨席する武蔵徳丸原において、オランダ輸入の大砲や剣付銃による砲術演習をおこなわせた(図2-7)。そのもうもうたる砲煙と轟く砲声の余韻のまだ消えやらぬ五月一五日、改革断行が宣言されたのである。これは偶然ではない。天保の改革が対外的危機と密接な関係をもつことを象徴している。つまり天保の改革とは、アヘン戦争情報に敏感に反応し、深刻な対外的危機の到来を感知した幕藩領主の先鋭部分が、危機への政治的軍事的対応を模索する動きだった。

改革の宣言は享保・寛政期の政治へ引き戻すことを謳うものの、そのような復古にとどまるわけにはいかず、深刻化した内憂外患へ対応するため抜本的な改革をめざした。水野忠邦は、一方で、朱子学者で幕府の文教政策をにない、しかも対外政策に深く関与して幕政に重きをなした林述斎の子で、洋学嫌いといわれた鳥居耀蔵を重用し、他方、高島秋帆や渡辺崋山らと親交のあった蘭学者江川英竜を登用した。いわば保守派(反蘭学派)と改革派(蘭学派)の両方を政権基盤に組み込んだため、水野忠邦政権は内部で政策的な不一致や軋轢を生みやすい不安定な構造であった。さらに、三奉行をはじめとする幕府諸役人たちと評議を重ね丁寧に政策を進めるというより、忠邦とブレーンたちによる前のめりの専断的な政策決定が目立ち、そのため幕府内部で政策的な対立も激しかった。

対外的危機への具体的な対応は、改革が始まっても遅々として進まなかった。しかし、イギリス軍艦来日計画の情報が入るや、事態は大きく進展した。天保一三年(一八四二)六月に来日した新任のオランダ商館長は、中国広東でイギリス軍人から聞いた話を情報として長崎奉行へ伝えた。イギリスが、アヘン戦争終結後に日本へ貿易を要求するため軍艦を派遣し、そのさい日本側に不当な対応があれば戦争に訴える計画である、という情報だった。異国船打払令はイギリスとの戦争を引き起こす危険度が高いとの渡辺崋山や高野長英らの指摘は、この情報によりにわかに現実味を帯びてきた。

戦争回避の薪水給与令

同年七月、幕府は異国船打払令を撤回し薪水《しんすい》給与令を出した。撤回の理由は、漂流し食料や薪水を求めて渡来した異国船を打ち払うのは、国際的に通用する措置ではない、と至極まっとうである。なお、薪水などはあくまでも慈悲として供与するのであり、対価を求めるものではない。オランダ船の長崎入港から薪水給与令の発令まで、一か月ちょっとの時間である。商館長からの情報の伝達やその翻訳、そして長崎から江戸への送達にかかる日数などを考えると、幕府内部でじっくり評議することなく慌ただしく撤回を決定したらしい。このため後に、軟弱な措置であるとか、かえって異国船への対応に手間がかかるとか、さまざまな批判を引き起こした。

この迅速な決定の背景には、モリソン号事件であらわになった異国船打払令の危険性について、かなり認識が深まっていたことと、イギリス軍艦来日計画情報そのものの衝撃がある。現実には「漂流」名目ですべての異国船に適用された薪水給与令は、イギリスなどとの戦争になりかねない種を除去し、中国の二の舞を避ける避戦政策を具体化したものであった。この政策変更はかなり後に外国の一部に伝達され、開国への幕府の密かな意思を示すものと受け取られた。しかし実際には、異国船打払令の撤回は開国への意思を示すものではなく、幕府は「鎖国」維持のため、江戸湾をはじめとする全国的な海防態勢と軍事力の強化策を打ち出した。

薪水給与令は、漂流船への薪水給与と同時に薪水を給与しても帰帆しない船への打払いを命じ、海岸防備については追って指示すると予告した。打払令から薪水給与令へ稳便な異国船取扱い策に変更するが、海岸防備はそれまでの軽微なものから厳重なものへ転換させる、つまり戦争は避けるが軍事的には備える政策である。それは、異国船打払令の時とは正反対に近い措置で、諸大名には重い負担としてのしかかる。

海防と軍備の増強

幕府は江戸湾防備を具体化しはじめ、天保一三年八月、武蔵川越藩に江戸湾の相模側、武蔵忍《おし》藩に房総側の防備を、しかも、かつて文化八年(一八一一)から担当した会津藩と白河藩の時より強力な防備態勢にするよう命じた。これは、大名による江戸湾防備方式の復活であり、かつて韮山代官江川英竜が提起した防備案に近い。なお、弘化《こうか》四年(一八四七)に、彦根《ひこね》藩と会津藩にも江戸湾防備を命じ、四大名による防備態勢となる。そして、江戸湾に面した要地に砲台を築かせ、防衛能力の強化をはかった。また、江戸近海に異国船が渡来した場合、臨時に警衛出動を命じることがあるとして、諸大名へ江戸藩邸に大砲などの兵器を用意するよう指示している。

それにとどまらず、天保一三年一二月には、享保五年(一七二〇)に廃止された伊豆下田奉行所を復活させ、さらに江戸内湾を防備するため羽田《はねだ》奉行所を新設した。こうして、江戸防衛のための江戸湾防備策はそれなりに強化されていった。

領内に海岸を持つ大名へは海岸防備態勢の強化を命じ、兵器を含む警備態勢の報告と過去の異国船の漂着や沖合航行の記録、さらに海岸絵図などの提出を指示した。また、領内に海岸のない「深山幽谷の地」の大名へも、異国船渡来時の援兵の準備を命じた。そのさい、異国の戦争のやり方は日本とは異なるので、異国との戦闘を念頭において大砲を準備するよう指令した。大砲を中心にした兵器の編成により、軍事力の強化をはかったのである。これは、イギリスと中国の軍事力の差を大砲に求めた高島秋帆の意見が反映したものだろう。この幕府の指示をうけ、青銅製の鋳物《いもの》による在来型の大砲に過ぎないものの、慌ただしく武蔵川口《かわぐち》(現、埼玉県川口市）の鋳物屋へ大砲鋳造を注文する大名も現れた。

兵器の洋式化と蒸気船

西洋砲術の演習が徳丸原でおこなわれたものの、幕府の伝統軍制のなかで砲術を担当する勢力からの抵抗もあって、幕府軍制への洋式砲術導入はたやすく実現せず、当初、高島流砲術の伝授は江川英竜一人に限定されたほどだった。それでも天保一三年にその規制が撤廃され、広く高島流砲術の伝授を許可し全面的解禁に踏み切っている。西洋砲術の普及により、幕府と藩の軍事力全体の向上をはかったのである。

また幕府は、モルテール（臼砲《きゅうほう》）など西洋製の大砲をオランダから輸入しはじめた。さらに水野忠邦ら老中たちは、西洋式大砲の鋳造を江川英竜へ依頼するとともに、剣付銃をオランダへ注文するなど西洋式銃砲の入手を試みている。このように、幕府みずから率先して西洋式砲術と銃砲の導入をはかったのである。そして、天保一四年三月、幕府は大筒《おおづつ》組を創設した。一組与力《よりき》一五騎・同心《どうしん》五〇人の編成を三組つくり、代官江川英竜を鉄砲方兼務に任命して指揮させた。このことは、幕府軍制に西洋式砲術で装備した砲隊の創設を意味した。さらに製鉄関係の洋書が輸入され、江川は大砲を青銅製から鉄製へ転換させるため、製鉄所である反射炉《はんしゃろ》（静岡県伊豆の国市に現存）の築造へ進んでゆく。

天保一四年四月、幕府は蒸気機関車と蒸気船の輸入をオランダ商館長に打診した。山海の運行自在の製作で、イギリスなどでかなり発展しているらしいという知識にもとづき、日本への導入を目論んだのである。幕府は、蒸気機関車と蒸気船をオランダから輸入し、その操作を伝習するためオランダ人を雇用する計画まで立てていた。長崎で製造できるのか、オランダ本国でなければできないのか、その製造と日本への運送にかかる経費はどれほどなのか、さらに蒸気機関車や蒸気船の操作を伝習するためオランダ人を雇用する経費などについて照会している。のちの海軍伝習所（安政二年〈一八五五〉長崎に設置）の設立を想起させる。幕府が、当時世界全体をみわたしても数が多いとはいえない蒸気機関車や蒸気船にいち早く着目したことは、当時の幕府がおぼろげながら描いていた軍備増強構想の規模の大きさを窺わせるに足る。

大規模な軍備増強を構想すればすぐ突き当たるのが厳しい「財政の壁」、また兵器を洋式化しそれに相応しい運用をしようとすればすぐ起こるのが伝統的な幕府軍制との矛盾、具体化すれば必ず直面する課題はまだ議論になっていない段階である。天保一四年に大坂豪商らに命じた一〇〇万両御用金令は、新政策の財源として発案されたものかもしれないが、御用金は伝統的な財政手法にすぎない。天保の改革期の軍事的な改革政策は、具体化する前に水野忠邦の失脚によって頓挫し、そのほとんどが幻の構想で終わってしまった。

軍事力強化と幕藩関係

幕府が諸大名へ大砲を中心に軍事力の増強を命じたことは、幕府あるいは徳川将軍家の軍事的な安全保障という観点からすると異例の措置といえる。幕府・徳川将軍家の軍事的安全の確保と諸大名の軍事力の強化は、矛盾する面がある。天保一二年の時点で、高島流砲術の伝授を江川英竜一人に限定し、大名家臣への伝授を禁じた幕府の措置は、幕府が高島流砲術と西洋式大砲を独占し、むやみに諸大名へ普及するのを阻止する意図からである。それを大きく転換させたのは、イギリス軍艦来日計画情報が入り、軍事力の増強が喫緊の課題となってからである。

当時、欧米列強と対峙するうえでもっとも有効な軍備と考えられていたのは、大型の艦船であった。信濃松代《まつしろ》藩士佐久間象山《さくましょうざん》は、藩主であり当時の老中だった真田幸貫《さなだゆきつら》に宛てて出した上書のなかで、対外的危機に対処するためとくに緊急を要するものは、西洋式の大砲と軍艦であると論じた。しかし、西洋式軍艦導入には大きな壁が立ちふさがっていた。それは、寛永一二年(一六三五)に三代将軍家光《いえみつ》が発布した武家諸法度《ぶけしょはっと》により、五〇〇石積み(五〇トン)以上の船の建造が禁止されていたからである。研究者は、これを大船《たいせん》建造禁止令とよんでいる。

この法の目的は、幕府・徳川将軍家の軍事的安全保障と理解されていた。佐久間象山は、大船建造禁止令は幕府にとっては重要な禁令だが、日本全体の安全には代えられないと主張し、諸大名へ西洋式の大船建造を許可すべきだと建白した。なお、水戸藩主徳川斉昭も、再三にわたり大船建造禁止令の撤廃を幕府に求めていた。この問題は、幕府が幕府・徳川将軍家の軍事的安全を優先するのか、挙国一致の軍備増強を優先するのかの試金石だった。

しかし、幕府はその撤廃をあくまでも拒否し続けた。その理由は、大船建造を解禁すると、諸大名がさまざまな工夫をして優れた軍艦を数多く建造し、のちに弊害が生まれるというものである。つまり、幕府の軍事的安全が諸大名により脅かされるのを防ぐ配慮だった。天保の改革期の幕府は、対外的危機に直面してもなお幕府の軍事的安全を優先した。この大船建造禁止令が廃止されるのは嘉永《かえい》六年（一八五三）九月、つまり、同年六月のペリー、同七月のプチャーチンの来日をまたなければならなかった。

幕府・徳川将軍家を優先するのか、あるいは日本全体を優先するのかという議論は、公論、世論に従うのか幕府の私的利益を優先するのかの議論につながり、幕末政治史の重要な命題となる。

印旛沼工事の目的

対外的危機への対応は、直接の軍事面だけに限られなかった。対外的危機が認識されるようになった寛政期頃から憂慮されていたのは、外国艦船による日本廻船への妨害や海上封鎖であった。勘定所役人で後に書物《しょもつ》奉行になった近藤重蔵《こんどうじゅうぞう》は、早くからその危険性を警告していた。近世日本では、陸上輸送より内水面を含む舟運の発展が著しく、商品流通と市場の発達を支えた。とくに物資の大量輸送では海上交通が重要で、人口一〇〇万を越えた江戸の膨大な需要は、全国から西廻り航路などにより大坂市場に集められ、菱垣廻船《ひがきかいせん》や樽廻船《たるかいせん》(酒の運送を担う)により運ばれる物資や、東北地方から東廻り航路により運送される物資の供給にその多くを依存していた。いずれも浦賀水道を経て江戸湾に入り、浦賀で奉行所の点検をうけて品川沖へ進み、艀船《はしけ》により荷揚げされた。

蘭学者や知識人、たとえば八王子千人同心(後述、一三七頁)で蘭学者の松本斗機蔵《ときぞう》(胤親《たねちか》)は、「上書」(天保九年〈一八三八〉)のなかで、外国艦船が浦賀水道を封鎖し江戸へ向かう廻船を妨害すれば、物資供給がとだえて江戸は一週間で飢饉状態となり、それが引き起こすであろう社会的混乱が重大な政治的危機をもたらすのではないか、と指摘していた。

異国船打払令の評議のさいにも外国船による廻船への妨害や攻撃が意識され、勘定奉行遠山景晋《かげみち》らは、東北諸藩の年貢米を五〇〇石積みの船で銚子湊《ちょうしみなと》まで運び、二、三〇〇石積みの高瀬船《たかせぶね》に積み替えて利根川《とねがわ》から江戸まで運送すること、水戸藩の年貢米は中小河川を使って利根川に入ることなど、内水面を利用した物資輸送を提案していた。

下総印旛沼(図2-8)の工事は、享保と天明年間の二度にわたり干拓による新田開発が試み

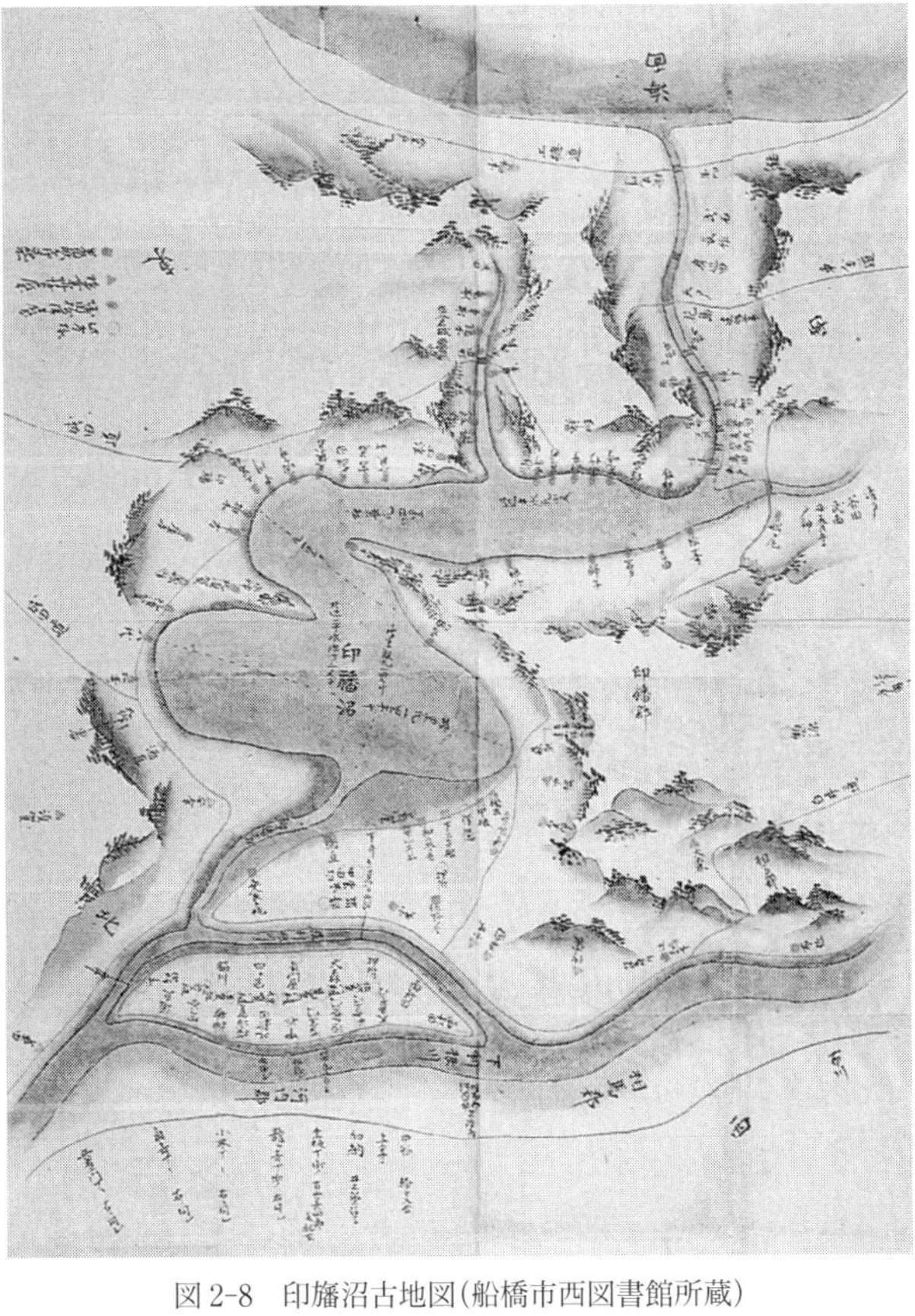

図 2-8　印旛沼古地図(船橋市西図書館所蔵)

られたが、いずれも失敗に終わっていた。天保一四年(一八四三)七月から、江戸時代三度目になる印旛沼工事が着工された。庄内藩など五大名が工事区間を分担し、利根川と印旛沼、印旛沼と検見川《けみ》(現、千葉市花見川区)までの間に幅一〇間《けん》(一八メートル)の掘割《ほりわり》=運河を造成しようとした。つまり、利根川から印旛沼を経て検見川までの運河造成をめざしたのである。この工事の目的は、前二回が新田開発だったのと異なり、銚子→利根川→印旛沼→検見川→品川という、江戸湾を利用しないバイパス的な水運コースの開発であった。

産業の国家統制や海防策を説いた佐藤信淵《のぶひろ》は、印旛沼と掘割により内洋(江戸湾)と東海(太平洋)を結べば、外国艦船によって江戸湾が封鎖されても軍事用と江戸住民の食糧は確保できる、と主張していた(『内洋経緯記《ないようけいいき》』天保四年〈一八三三〉)。このような意見に影響をうけたと推測され、今回の印旛沼工事は、外国艦船によって浦賀水道を封鎖され江戸への海運が途絶するという事態を想定し、その迂回路《うかいろ》を造ろうとしたのである。難工事にもかかわらず八割ほど進んだ頃、台風による高波をうけて掘割が破壊され、水野忠邦の失脚とともに中止になった。

上知令の目的

天保一四年六月から、江戸城・大坂城近辺(一〇里四方とされる)の大名や旗本らの私領を幕領とする上知《あげち》が命じられた。いわゆる十里四方上知令である。これは、幕府にとって政治的経済的にもっとも重要な江戸と大坂周辺全域を幕府領とすることにより、この地域の支配を強化することを意図している。この地域は、幕領、大名領、旗本領が複雑に入り組み、とかく支配が行き届かない弱点をもっていたので、それを解消しようとしたものである。嘉永六年(一八五三)にペリーが浦賀に来航したさい、幕府がペリーへの対応とならんで江戸周辺地域の治安と秩序の維持に腐心したことからも明らかである。しかし、上知の対象となった旗本と大名、そして対象地域の住民の強い不満や抵抗により、天保一四年閏九月にこれも中止となった。三方領知替えの失敗に続く領知替えの失敗は、幕府・将軍権力の弱体化を晒しだす結果に終わった。

印旛沼工事の立案者には勘定組頭の篠田《しのだ》藤四郎《とうしろう》、上知令は勘定吟味役の羽倉外記《はぐらげき》(用九《しろちか》、簡堂)と篠田藤四郎の名前が上がっている。いずれも先述(五七頁)した尚歯会に参加していた幕府役人である。また、印旛沼工事は銚子から品川への運河造成が目的だったと証言したのは目付の戸田《とだ》氏栄《うじよし》、上知令は江戸とその周辺の支配を強化して対外的危機に対処しようとしたと証言したのは、のちに海防掛《かかり》目付になった井戸《いど》弘道《ひろみち》、戸田は学問吟味乙及第《おつきゅうだい》、井戸は甲《こう》及第で(後述、一〇〇頁参照)、しかも対外政策に開明的な主張の持ち主だったことは興味深い。

大名の海防態勢

幕府からの海防に関する指示や独自の情報収集などにより、藩側でもそれなりの海防態勢強化の動きが見られた。

長州藩天保改革の指導者として知られる村田清風《むらたきよかぜ》は、生涯の大事件として四つをあげる。そのうちの二つが、文化三年(一八〇六)九月より翌年六月にかけてのロシア軍艦蝦夷地襲撃事件と天保一四年(一八四三)の羽賀台《はがのだい》(現、山口県萩市)大操練である。清風によれば、寛政三年(一七九一)に幕府が約一五〇年ぶりに出した海岸防備令に対して、長州藩は「八幡船《ばはんせん》」すなわち密貿易船対策と理解して対応したにすぎなかったという。清風は、ロシア軍艦蝦夷地襲撃事件の情報を得ると、危機感をおぼえ林子平の『海国兵談』を筆写した。長州藩ではその事件をきっかけに、対外的危機に対応した新しい陣法である神器陣《じんきじん》を編成し、文化一四年(一八一七)に演習をおこなった。この神器陣は、のちに吉田松陰《しょういん》から「遊戯三昧《ゆうぎざんまい》の事」(『西洋歩兵論』安政五年〈一八五八〉)、つまりお遊び、という手厳しい批判をうけた程度のものではあったが、長州藩にとっても村田清風にとっても対外的危機への対応という点では画期となった。ちなみに、若狭小《お》浜《ばま》藩でもその時期に海岸に砲台を築いている。

アヘン戦争の情報が伝わると対外的危機意識を強めた清風らは、天保一四年一月、藩主も加わった藩全体をあげての大規模な軍事演習である羽賀台大操練を実施した。しかし、欧米列強の攻撃を想定した大演習とはいえ、兵器も軍制も伝統的なものに過ぎなかった。また、藩の「財政の壁」も高かった。幕末維新期の政治過程を主導する長州藩ですら、伝統的軍制からライフル銃を装備し散兵《さんぺい》戦術を展開する歩兵隊、そして蒸気艦を保有する海軍へ大転換するには、幕長戦争という極限的な状況をまたなければならなかった。

4　内政改革の失敗

物価高騰と貨幣改鋳

幕府財政は、文政初年から始められ天保期に入っても継続された、貨幣改鋳の益金による補塡で運営されていた。その益金は、天保八年(一八三七)から一三年の一年平均で八四、五万両に及び、幕府の貨幣歳出の半分を超えるまでになっていた。金銀貨のみならず天保通宝という百文銭も発行した(図2-9)。当百(銭一〇〇文に相当の意)といわれたが、実際には八〇文にしか通用しなかった。高村直助氏によると、皮肉にも、薩摩藩は幕府の許可を得た琉球通宝の名目で天保通宝を鋳造して二〇〇万両もの利益をあげ、これが倒幕運動の資金源になったという。幕府財政は、ますます貨幣改鋳の益金に依存する構造になっていた。しかし、貨幣改鋳により財政状況が好転したわけではなく、むしろ物価を上昇させさまざまな歪みを生みだしていた。天保の改革の財政対策の柱は、伝統的な倹約による支出の削減であり、その倹約を将軍・大奥、そして武士身分全般から百姓・町人に至るまで強制し、

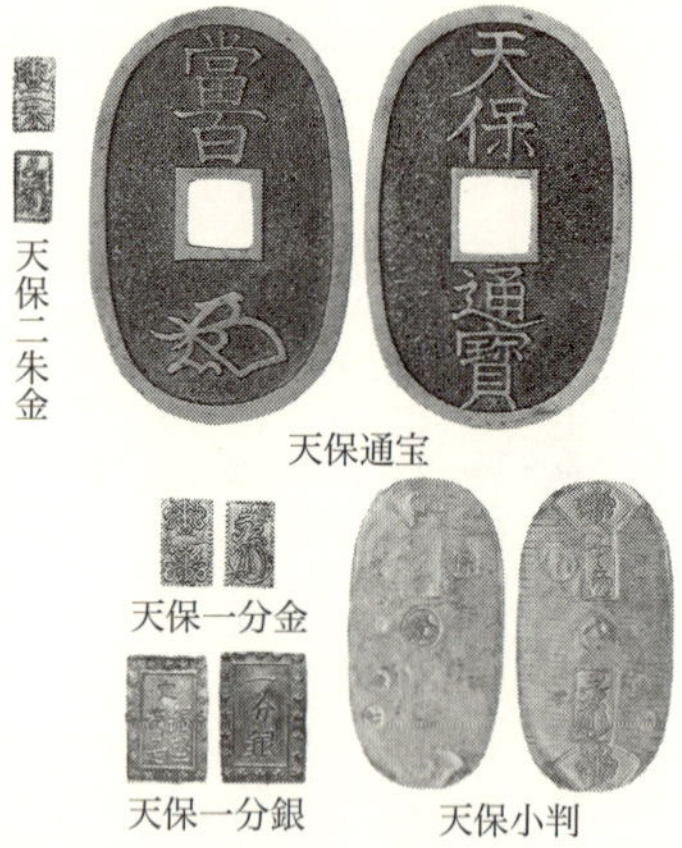

図2-9　天保通宝ほか当時の貨幣
（日本銀行貨幣博物館所蔵）

その生活の隅々まで規制を及ぼそうとした。

天保の大飢饉という一時的な要因がなくなっても物価高は収まらず、それが幕藩領主の財政困難の一因となり、また中下層の百姓・町人の生活を直撃した。そのため、物価高が政治問題化してきた。当時指摘されていた物価高のおもな原因は、贅沢な生活と株仲間商人らの不正な価格操作、そして貨幣改鋳であった。なかでも、物価高の真犯人が貨幣改鋳であることは誰の目にも明らかだった。

老中水野忠邦を支えた鳥居耀蔵・渋川六蔵とともに「三羽烏」の一人と謳われた金座《きんざ》お金改め役の後《ご》藤《とう》三《さん》右《え》衛門《もん》は、天保一三年（一八四二）年四月、貨幣が劣悪になって物価が騰貴したのだから貨幣を「復古」させる、すなわち良貨へ改鋳するよう建言した。ただ、文政・天保金銀をもとの元文金銀へ改鋳すると、約二〇〇〇万両もの不足金が出ると試算された。改鋳益金は入らないうえに巨額の不足金が出るとなると、幕府の財政運営は可能なのか。財政担当の幕府勘定所が、良貨への改鋳に抵抗したのは当然であった。

良貨への改鋳を物価問題解決の決定打と理解した水野忠邦は、天保一四年八月に天保金銀の鋳造を停止させたが、幕府は同一五年九月に鋳造を再開した。改鋳益金に代わる財源を見いだせなかった幕府は、再び貨幣改鋳路線へ戻らざるを得なかったのである。

株仲間の解散

水戸藩主徳川斉昭は、天保一二年八月に老中水野忠邦へ送った手紙で、江戸の十組《とくみ》問屋仲間を解散させ、自由な流通と売買により物価の騰貴を押さえるべきだと進言した。江戸町人の間でも十組問屋仲間への批判は強く、その解散を主張する町名主《ちょうなぬし》もいたほどである。金座・銀座などの貨幣鋳造役所を管轄し、貨幣改鋳を推進していた幕府勘定所は、一方で良貨への改鋳に抵抗し、他方で株仲間解散政策を推進した。物価問題の責任を株仲間に押し付け、貨幣改鋳こそ物価高騰の真因だと主張する町奉行の抵抗を押し切って解散を断行した。

株仲間とは、独占的な商工業者の同業者組合のことで、幕府享保の改革の物価政策の一環として仲間の結成を命じられ、田沼時代には冥加金や運上の上納と引き替えに営業上の特権をさらに強化していった。江戸の十組問屋仲間と大坂の二十四組問屋仲間は、その代表格であった。十組問屋仲間は、塗物《ぬりもの》店組・薬種店組など一〇組の問屋仲間の連合体のことで、江戸人坂間の物資運送をおこなう菱垣廻船問屋を配下において江戸市中の商品流通を支配した。文化一〇年(一八一三)、十組問屋仲間を中核にして江戸問屋をほぼ網羅した菱垣廻船積《つみ》問屋仲間六五組(一九九五人)が結成され、一万二〇〇〇両の冥加金の上納と引き替えに営業の独占(株数の固定)を公認された。その独占的な立場を利用した価格のつり上げや買占めなどを疑われ、物価高騰の元凶のひとつと目された。しかし、問屋仲間、株仲間による流通統制は、一八世紀初頭以来の幕府の伝統的流通政策でもあった。

幕府は株仲間による流通統制政策を変更し、天保一二年一二月から順次、問屋仲間などあらゆる業種の同業者組合の解散を命じ、問屋の名称すら使用を禁じた。これが株仲間解散令とよばれ、その対象は、江戸のみならず地方の人為的に価格を左右する恐れのある組合や組織にまで及んだ。その目的は「素人《しろうと》(株仲間外の営業者)直売買勝手次第《じきばいばいかってしだい》」、つまり自由な営業と売買による物価の下落である。

流通構造の変化

しかし、物価は思うように下がらず、かえって流通を混乱させ一部では物価の上昇すら招いた。その大きな理由は、江戸と大坂の問屋商人らの流通を支配する力の低下にあった。二十四組問屋仲間が全国から大坂に集荷された物資を、菱垣廻船と樽廻船により江戸十組問屋へ送るのが、江戸時代の商品流通の大動脈であり、幕府の流通統制機構でもあった。しかし、大坂問屋による流通の独占に対して、生産者と地方商人に有利な流通を要求する国訴《こくそ》(郡や国規模の訴願)のような大規模な訴訟、大坂を介さない地域間の直接取引の発展、知多《ちた》半島の内海《うつみ》船のような廻船業者の活発な営業とそれと手を結ぶ株仲間に加入していない商人(素人)の活動、諸藩が専売制などで集荷した「諸家国産」品の江戸直送、さらに、江戸地廻《じまわ》り経済圏の成立とよばれる江戸周辺地域の商品生産と流通の活発化などにより、大坂問屋への入荷量が減少したため流通を支配する力が低下していたのである。それは同時に、幕府の流通統制機構の弱体化でもあった。

幕府は結局、城下江戸の振興・繁栄を主張する町奉行らの意見をいれて、株仲間商人を通して流通を統制する伝統的な政策に回帰した。嘉永四年(一八五一)、解散令以前より規模を拡大し、仲間の人数制限(株数の固定)もなく、冥加金の上納もない独占的な性格を薄めた株仲間の再興を許可した。

奢侈取締り　物価高騰の原因の一つにあげられていたのが奢侈《しゃし》、贅沢で、その取締りが徹底しておこなわれた。天保一二年五月の改革令直後から、とくに江戸市中の奢侈な風俗の取締り、贅沢の禁止、質素倹約が強行され、将軍以下の武家に対しても質素倹約が要求された。その影響はまたたくまに市中に及び、江戸は深刻な不景気に見舞われた。

江戸の市民が苦境に陥ったのをみてとった北町奉行遠山景元《かげもと》（金四郎）は、江戸の繁栄を維持するため奢侈取締りの緩和を主張し、江戸が寂れて商工業者が離散しても頓着しないくらいの取締りを要求する老中水野忠邦と激しく対立した。遠山だけではなく、幕府が発注する建築・土木工事やさまざまな物品の調達で多額の予算を使い、その職務がら江戸市中の商工業者と密接な関係を持っていた作事《さくじ》・普請《ふしん》奉行所、納戸《なんど》方・賄所《まかないしょ》・細工所《さいくしょ》などの役所も、改革には消極的な姿勢をとった。

水野は、改革に消極的あるいは抵抗する奉行や役所に改革を推進させるため、罷免《ひめん》の圧力をかけた。もっとも強く改革に抵抗する遠山景元に同調した南町奉行矢部《やべ》定謙《さだのり》を、目付の鳥居耀蔵と渋川六蔵の画策により勘定奉行時代の不手際を蒸し返して攻撃し、とうとう罷免に追い込んだ。その後任の南町奉行には、鳥居耀蔵を据えた。水野に忠実な鳥居は、江戸の市民から「耀甲斐《ようかい》」（鳥居耀蔵の「耀」と官職名甲斐守《かいのかみ》の「甲斐」）、すなわち「妖怪」と恐れられ蛇蝎《だかつ》のごとく嫌われ、後世まで「悪い人」と言い伝えられた。

寄席の撤廃

江戸の寄席は、寛政年間に江戸寄席落語の祖、三笑亭可楽《さんしょうていからく》が下谷《したや》（現、東京都台東区）に落語の席を設けたのが最初といわれる。演目は落語だけでなく、講釈や手品、物まねなど多彩な芸が演じられ、町奉行所の調査によると、文化一二年（一八一五）に七五軒、文政年間に一二五軒、天保一二年（一八四一）に二一一軒（このほか寺社奉行の管轄地に二二軒）もあったというほどの人気だった。興行は昼席と夜席があり、夜席は銭五〇文もあれば一晩を十分に楽しむことができた。裕福ではない住民が一日の仕事を終えたあと観に行けたので、寄席は彼らの最上の娯楽だったらしい。

水野忠邦らは、町人どもが娯楽のために寄席で無駄金を使っていて贅沢だと目をつけ、天保一二年一一月に寄席すべての撤廃を指示した。これに対して遠山景元は、寄席芸人の生活問題とともに市民の娯楽という点から猛然と反論した。寄席の客は、職人や日雇い稼ぎの日用《ひよう》層、野菜や魚の棒手振《ぼてふ》りとよばれた行商人、呉服店の奉公人などで、毎日怠りなく働いても芝居や吉原で遊べる豊かな者たちではない。日々の勤労で手にした金で家族を養い、そのわずかな残りで労働の疲れを癒すために寄席を楽しむことは、明日の勤労への活力にもなり、決して無駄遣いや贅沢ではないと主張した。

遠山の反論にあって水野は若干の譲歩をしたが、寄席はたった一五軒しか存続を許されず、しかも興行内容は、民衆教化に役立つという理由で神道講釈・心学《しんがく》講話・軍書講談・昔話に限定された。なお、天保の改革が終わると寄席は再興を許可され、撤廃以前よりもさらに盛んになっている。

歌舞伎三座の移転

江戸で幕府から興行を公認されていた三座（堺《さかい》町・葺屋《ふきや》町・木挽《こびき》町〈現在の歌舞伎座の所在地〉にあった）の歌舞伎芝居は、繁栄する江戸を象徴する存在であるとともに、「世の中が芝居の真似をする」「世の中の流行は芝居から」といわれたほど、社会の風俗に強い影響を与えていた。なお、天保頃に芝居を観るには一両以上ものお金がかかったといわれ、客は上層町人が中心だった。水野忠邦は、天保一二年一一月、芝居小屋は繁華街にあって火災が多く、風俗へ悪い影響を与えているなどの理由をあげ、三座の廃止か場末への移転を打ち出した。遠山景元は、これにも猛然と反発し水野があげた理由に反駁した。たしかに火災はあるものの、天保の改革が模範とする享保・寛政の改革でも移転させせられることはなかったし、場末に移してもその地の風俗が悪化するだけのことだなどと抵抗した。

将軍家慶は遠山を呼んでその意見を聴取すると、移転反対の遠山の主張に賛成した。しかし、水野は将軍へ遠山に反論する意見書を提出して翻意させ、結局、遠山の抵抗むなしく三座は浅草聖天《しょうでん》町（のちの猿若《さるわか》町〈現、東京都台東区〉）へ移転させせられた。なお、寺社境内などで興行され、三座の歌舞伎よりは劣る簡易な芝居であったが、中下層の住民たちが楽しんだ宮地《みやち》芝居は全面的に禁止されてしまった。

江戸には飲食店が多かった。町奉行所の調査によると、文化元年(一八〇四)に六一六五軒、天保の大飢饉で減ったが天保六年(一八三五)に五七五七軒もあった。しかも手の込んだ料理を出す料理屋に加え、鮨屋や鰻屋などやや高価な店が増えていった。

床見世の撤去

その飲食店の統計には含まれない飲食物を扱う店が、他にもたくさんあった。それが床見世《とこみせ》である。それは、表通りに面した大店の庇《ひさし》の下、両国橋などの大きな橋の橋台《はしだい》とよばれる場所、川に面し艀船が荷物を積み卸しする河岸地《かしち》、防火用の火除地《ひよけち》とよばれた空き地や土手など、多くの人が往来あるいは集まる場所で営業する、仮設店舗や葦簀《よしず》張りの露店、さらには屋台などのことである。もちろん飲食物を扱う店だけではないが、表通りの店より安いこともあって増加を続け、なかには贅沢な品を商うものも出てきたらしい。水野忠邦は、飲食物を商う床見世を念頭において、下層町人どもが床見世で飲食し無駄な金を使っているのは贅沢、しかも値のはる食い物や立派な器を使う床見世は奢侈そのもの、として実態を調査し、無許可営業のものの撤去あるいは減少を命じた。

遠山景元は、床見世営業者の生活という面から反論した。それは、床見世の営業者は「その日稼ぎの者」「その日暮らしの者」とよばれた裏長屋に住む零細な商人であり、床見世の営業を取り上げられたら生活できない、という主旨だった。零細商人、下層住民の生活の維持を優先し、火災を出したり何か問題を起こした者だけ営業停止にすべきだと主張した。この件はなかなか決着がつかず、天保の改革が終わると遠山の主張が通った。

人返しの法

幕府内部では、天保の大飢饉がほぼ終息した天保九年(一八三八)頃から、農村人口を回復させ江戸の人口を減少させるという課題が議論されていた。農村では、北関東から東北地方にかけて、長く続いた天保の大飢饉による死亡や離村により人口が減少し、耕作放棄地が増えた。江戸では、天保一四年(一八四三)七月の町奉行所の調査によると、町方人口は五五万三二五七人、そのうち江戸生まれが三八万八一八五人、他国生まれが一六万五〇七二人で、他国出生者が江戸人口の三〇パーセントを占めていた。

人返しを農村からみると、人口減による荒廃からの復興を、江戸へ流出した農村出身者の強制送還により人口を回復させて実現しようとするものである。江戸からみると、天明の大飢饉の時におこった、天明七年(一七八七)の江戸打ちこわしのような都市騒擾の危険性を緩和しようとするものである。それは、飢饉などにより米価が高騰すればすぐにも救済しなければならない「その日稼ぎの者」が、江戸では人口の五〇パーセントを越え、騒擾発生のおもな危険因子とみられたからである。

水野忠邦は、大坂では大塩事件が起こったが、江戸では薄氷を踏むような思いで乗り切った天保の大飢饉の体験を踏まえ、農村から江戸へ流入した者を強制的に送還する人返しを打ち出した。だが、またもや遠山景元の強い抵抗をうけた。遠山は、農村で生活できなくて江戸に移った者、また、零細とはいえ商売を始めて妻子もいる者たちを元の村に返そうとするのは非現実的な政策で、飢饉時の窮民対策ならば、寛政の改革から始まった七分積金による町会所の米備蓄を抜本的に充実させるべきだと主張した。そして、江戸の人口増加を防ぐには、人返しより人別《にんべつ》改めの強化、すなわち戸籍登録の厳密化で対処すべきだと提案した。

結局、水野が意図した強制的な送還である人返しは撤回され、二、三年前に江戸へ出てきてまだ妻子もいない単身者の帰郷を促し、さらに江戸への出稼ぎの制限と人別改めの強化などが命じられたにとどまった。

このように、徹底した奢侈・贅沢の禁止、江戸の中下層住民の減少策など、その都市改革政策のほとんどが町奉行らの抵抗により不十分にしか実行できず、天保の改革が終わるとともにほとんどが元に戻ってしまった。

天保の改革の農村政策

農村へも髪を藁《わら》で結えなどの時代錯誤的な質素倹約の励行、奢侈・贅沢の禁止が命じられた。幕府がもっとも力を注いだのは、天保一四年(一八四三)六月から実施した御料所《ごりょうしょ》改革であった。それは、隠し田畑の摘発と不相応に年貢率の低い田畑の是正などを標榜し、幕領支配を担当する代官に全耕地を再調査させ、検見《けみ》をおこなって現実の収穫量を調べて年貢を増徴しようとした。検地はしないが検地をおこなったのと同様の成果を上げることを目論んだのである。この政策を推進したのは勘定所で、勘定奉行は、この政策へ消極的な態度をとった代官を処罰すると威圧して改革遂行を命じた。

この命令をうけた代官たちは困惑したらしい。武蔵代官の青山九八郎《あおやまくはちろう》は、自分たちのように現地の実情を知っている者にとっては迷惑なことだが、と前置きしたうえで御料所改革の内容を領民へ伝達している。飛驒郡代《ひだぐんだい》の豊田友直《とよだともなお》は、飛驒幕領の特殊事情をならべ立てて政策実行の困難さを説き、改革の免除を求める上申書を勘定所へ出したところ厳しく叱責された。勘定所は、代官たちの抵抗あるいは消極的な姿勢に業を煮やしたのか、勘定方役人を全国の幕領へ派遣し、直接に農村を廻って検見をおこない年貢を決定すると布告した。しかも、天保一四年は豊作になるのを見越して収穫量を調査するというのである。これを伝えられた豊田友直は、現地の実情を知らない勘定所の政策は、領民を死地に追いやる峻厳苛酷《しゅんげんかこく》なもので、虎狼《ころう》ともいうべき酷吏《こくり》だと勘定所を口を極めて非難したほどである。

勘定所役人たちは手分けして全国の幕領を少人数で駆け足のように廻り、検見を実施してかなり画一的に年貢率の引上げを押し付けた。結果、各地で農民の猛反発を招き、怨嗟の声が全国的に満ちてきた。この御料所改革もまた、水野忠邦の失脚とともに中止となった。

都市の改革では老中の命令に町奉行が抵抗し、幕領農村の改革では勘定奉行の命令に代官が抵抗した。都市行政、農村行政を第一線で担って幕府の都市と農村支配を実現していた町奉行・代官と、都市・農村支配を抜本的に改革しようとする老中・勘定奉行との激しい軋轢・対立は、天保の改革の非現実性をよく示している。都市住民や領民の生活と生産を維持することを重視して支配行政を実現してきた町奉行や代官に、そのような姿勢に立たせた都市と農村の住民の政治的な成長をそこにみることができる。

天保の改革の失敗

将軍家慶は、天保一四年(一八四三)四月、一〇代将軍家治《いえはる》以来、実に六七年ぶりに日光社参《しゃさん》を挙行した。多数の人馬を動員し巨額の経費を必要とする日光社参に対して、水戸藩主徳川斉昭は、財政困難のおりに政策の優先順序が間違っている、その経費を海岸防備へ廻すべきだと批判した。日光社参は軍役動員のひとつで、もともとは将軍の上洛と同じ規模の軍役が大名や旗本に命じられた。今回の社参は本来の軍役量をかなり軽減したものの、二〇万人にのぼるともいわれる大規模な行軍となった。将軍の力を諸大名や百姓・町人に見せつけ、その権威と威光を強化するのが目的だった。

将軍の日光社参が成功すると、六月には先述の(七六頁)十里四方上知令と新潟上知令、そして御料所改革令が発令され、さらに翌七月には印旛沼工事も始まり、大坂豪商などへ一〇〇万両の御用金令が出されるなど、天保の改革の重要政策がほぼ一斉に着手された。それは、日光社参成功の余勢をかって断行したのだろう。ところが、新潟上知を除いて、上知令は対象となる大名や旗本と領民の抵抗にあい、御料所改革は幕領農民の激しい反発にあい、印旛沼工事は高波をうけて大被害を蒙り、そして御用金令は大坂豪商らの抵抗にあって、重要政策がことごとく行き詰まった。水野忠邦と天保の改革は、ともに立ち往生してしまったのである。結局、幕府は、天保一四年閏九月、トカゲのしっぽ切りのように水野忠邦を罷免して当面の政治的危機を脱した。

改革失敗の政治的意義

日光社参により権威が高まったはずの将軍・幕府にもかかわらず、大名以下の武家から百姓・町人までの抵抗や反発をうけ、改革の重要政策をことごとく実現できなかった。天保の改革のような強権的な手法の政治改革をおこなう力は、もはや将軍・幕府にはなかった、としか言いようがない。天保一五年五月、江戸城本丸が焼けた。その再建費用は二四七万両余と銀四三貫《かん》七〇〇匁《もんめ》余という巨額にのぼり、幕府はその七〇パーセントを負担し、残りは諸大名らからの上納金だった。しかし、六年前の天保九年(一八三八）に焼けた江戸城西丸の再建工事では、一三七万両の工事費を上まわる一七〇万両もの金を諸大名らから上納させていた。その違いは、今回は上納金を命じられた諸大名が納得せず、上納を渋ったことに原因があった。

不公平な幕政への憤懣が引き起こした三方領知替えの失敗、そして天保の改革の失敗は、将軍・幕府の威光で諸大名や百姓・町人を従わせる政治運営、幕府専権政治がもはや通用しないことをはっきりと示した。これ以降、幕府が政治の主導権を維持してゆくためには、諸大名らと協調し納得と合意を取り付けながら、さらに天皇権威を取り込みながら幕政を運営してゆかざるを得なくなった。

天保一四年閏九月、水野忠邦が老中を罷免されたことが伝わると、町人に武士も交じって水野の屋敷の門前に集まり、雨あられと石を投げつけたという。このことは、水野の政策がすべての身分階層の人びとの激しい反発と抵抗を受けたことを象徴している。しかし、幕末に勘定奉行などを歴任した能吏である川路聖謨や、また勝海舟《かつかいしゅう》らは、水野がやろうとしたことは良かった、しかしやり方が性急すぎて理解されなかった、と評した。対外的危機へ積極的に対応し、国防態勢を充実させようとした政策は、ペリー来航以後に引き継がれたといえる。

第三章　近代の芽生え

本章では、一八世紀末以降から維新に至るまでの時期における、学校教育と朱子学、新たな学問としての洋学と国学の発展、そして民衆の知的発展の意義について概観する。それが、維新に至る政治過程の歴史の基礎となり、維新変革と近代日本を準備した思想的・文化的・知的基礎でもあったと考えるからである。

1　学校教育の発展と朱子学・蘭学

学校の設立と拡充

江戸時代前期にも、保科正之《ほしなまさゆき》、徳川光圀《みつくに》ら好学の大名がいた。閑谷《しずたに》学校をつくり、学校を通して道徳教化をはかった岡山藩主池田《いけだ》光政《みつまさ》のような大名もいたが、ほんの一握りにすぎなかった。大都市を中心に儒学者の私塾があり、評判のよい学者の塾は多くの門人を集めていた。

しかし、それとは異なり、一八世紀後半から一九世紀にかけて、武士と民衆に対する学校における組織的な教育が発展する(図3-1)。一八世紀後半から多くの藩が取り組んだ藩政改革

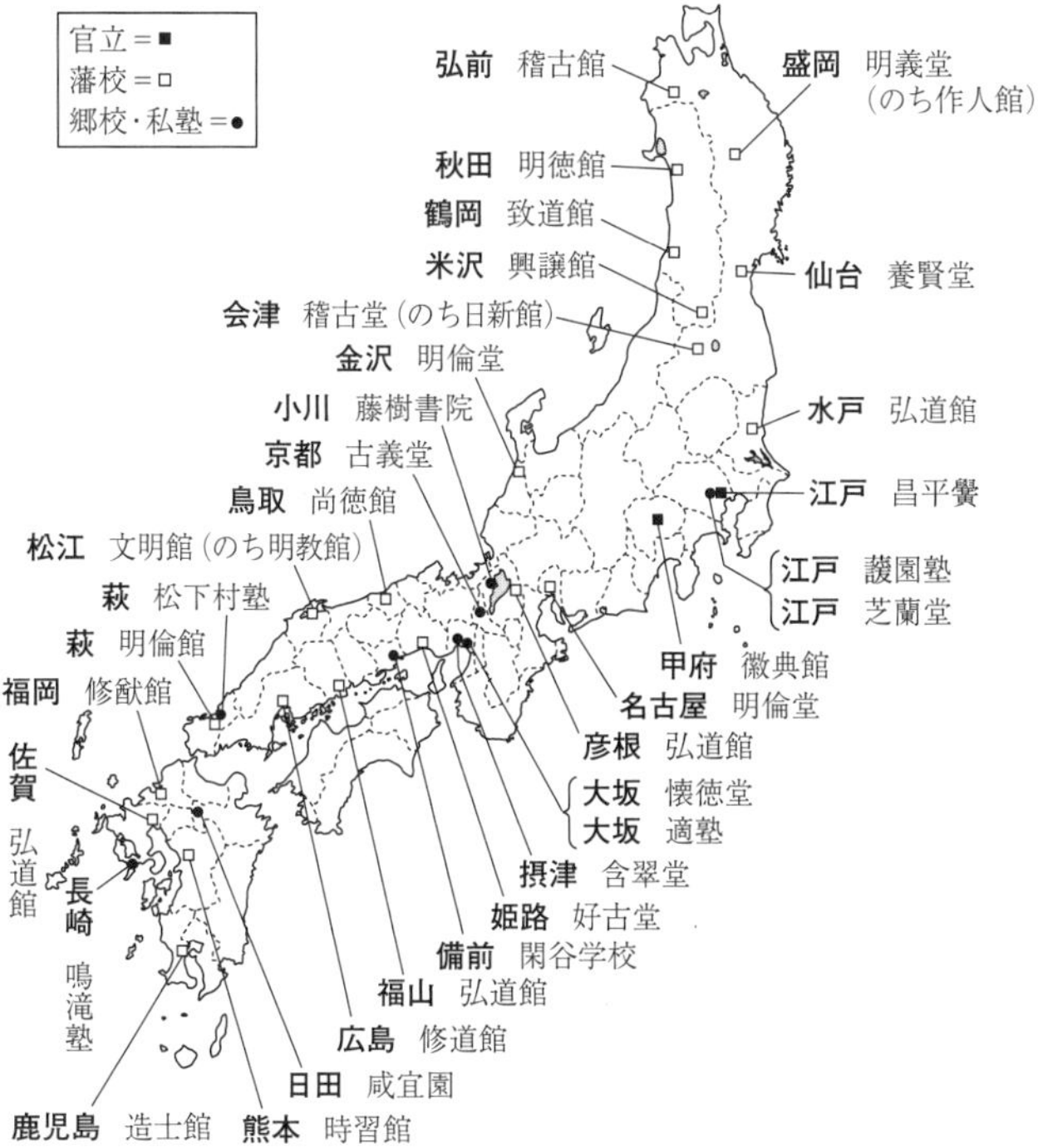

図 3-1　江戸時代の主な藩校・郷校・私塾

図3-2　懐徳堂の初代学主・三宅石庵の書(大阪大学懐徳堂文庫所蔵)

では、新たな藩政を担う藩士を育成するための教育機関として、藩校の設立や拡充が相次ぎ、組織的な藩士教育が進められた。熊本藩の時習《じしゅう》館、鳥取藩の尚徳《しょうとく》館、松江藩の文明館(後に明教館)、薩摩藩の造士《ぞうし》館、尾張藩の明倫《めいりん》堂、福岡藩の修猷《しゅうゆう》館などがあげられる。

享保二年(一七一七)設立の摂津《せっつ》平野《ひらの》郷(現、大阪市平野区)の含翠堂《がんすいどう》、同九年設立の大坂の懐徳堂《かいとくどう》(図3-2)などは、民間有志による教育機関として有名で、庶民を教育対象とした郷校《ごうこう》(郷学・郷学校とも)とよばれた。郷校は、一八世紀末の寛政期から増え始め、一九世紀半ば近くの天保期に急増し、さらに明治初年前後に激増して近代学校制度の基盤となった。郷校は私塾や寺子屋《てらこや》が私的な経営であったのに対して、藩校の分校のような位置づけで藩や代官の直営、領主と民間の共同経営、民間有志の経営など多様な形をとるものの、いずれも公的な性格をもっていた。教育内容は、懐徳堂などを除くと基礎的な儒学教育もおこなわれたが、次第に生活倫理など基礎教育の比重が高まったといわれる。

寛政異学の禁

幕府は寛政の改革のなかで、沈滞していた朱子学の本山ともいうべき林家《りんけ》とその家塾である聖堂《せいどう》学問所を抜本的に改革した。寛政二年(一七九〇)、幕府は朱子学を正《せい》学《がく》(官学)とし、聖堂学問所においては朱子学以外の学問(異学《いがく》)の教育を禁止した。これが寛政異学の禁とよばれる。朱子学を批判した荻生徂徠《おぎゅうそらい》の古文辞学《こぶんじがく》(徂徠学)派の退潮をうけ、緩んだ武士の風俗を朱子学により教化しようとしたのである。ただし、異学の禁の対象は聖堂学問所に限られたので、朱子学以外の学問の弾圧を意図したわけではなかった。土佐藩、薩摩藩など六藩では、武士から庶民までの教化に朱子学が有効という判断から、幕府より早く異学の禁がおこなわれ、幕府の禁令以降、各地の藩校でも採用された。

幕府は、天明八年(一七八八)に阿波藩の儒者柴野栗山《しばのりつざん》、寛政元年に旗本の儒者岡田寒泉《おかだかんせん》、寛政三年に大坂の儒者尾藤二洲《びとうじしゅう》(以上を寛政の三博士とよぶ)、寛政八年に佐賀藩の儒者古賀精里《こがせいり》(寒泉の後、三博士の一人)という、寛政朱子学派ともよばれる当時の著名な朱子学者を聖堂つきの儒者として登用した。さらに、林大学頭信敬《のぶたか》に跡継ぎがいなかったことから、幕府の指示で美濃岩村《いわむら》藩松平家からのちの林述斎(衡《たいら》)が林家を継ぎ、寛政の三博士とともに幕府の文教政策に辣腕を振るった。

幕府は、寛政四年(一七九二)から、正学とした朱子学を振興し埋もれた人材を発掘するため、「学問吟味」という学術試験を始めた。寛政六年の二回目から原則として三年に一回おこなわれ、幕末まで一九回実施された。受験の対象者は、一五歳以上の幕臣とその子弟であった。試験内容は朱子学の理解の程度を試すもので、四書五経《ししょごきょう》などの朱子による注釈、解釈を出題した。寛政六年実施の第二回学問吟味で甲及第(最優秀の成績をとること)した遠山景晋が、みずから執筆した受験参考書ともいうべき『対策則《たいさくそく》』のなかで、学問は種々あり、多様な学派の勉強をして豊かな学力をつけることは必要だが、朱子以外の説を答案用紙に書いたら成績優秀にはならないと力説している。これが、学問吟味の「学問」の内容を雄弁に語っている。

学問吟味の始まり

なお、寛政五年から「素読《そどく》吟味」という試験も始まった。寛政九年までは一五歳以下の幕臣子弟、それ以降は一七歳から一九歳までが対象者となり、毎年実施された。この試験は、四書五経を朱子学の訓点で読むことを試した。

学問吟味の成績判定は合格と不合格で、合格には甲乙丙の三段階があった。一九回の試験で、及第者は甲六六名、乙四一五名、丙四七三名にのぼる。甲及第は幕臣中の大秀才だが、中国の科挙《かきょ》と違い、たとえ及第しても幕府要職のポストを約束されず、幕府から褒賞があるだけだった。狂歌や随筆などで有名な大田南畝《なんぽ》(直次郎・蜀山人《しょくさんじん》)は、第二回学問吟味で甲及第の大秀才であるが、御徒《おかち》(将軍外出などのさいに警護するお目見え以下の格式の下級幕臣)から勘定所の支配勘定(お目見え以下)に「出世」した程度だった。

同じ時に甲及第した遠山景晋は、御小姓組《おこしょうぐみ》(将軍の身辺警護をする軍事組織)の組士《くみし》から徒頭《かちがしら》、のちに目付、長崎奉行、作事奉行、そして勘定奉行へと、遠山家にはまったく前例のない出世を遂げた。甲及第だったからだけではないが、中下級幕臣にとって出世の糸口になることもあったのである。なお、子の景元(いわゆる名奉行遠山金四郎、八四頁以下参照)は、学問吟味を受験することなく、父景晋の功績のお陰で父親を越えて町奉行から大目付にまで出世した。江戸幕府の昇進制度とは、もともとこのような仕組みのものだった。だが、眞壁仁氏、奈良勝司氏らが指摘するように、幕末になればなるほど、学問吟味合格者のなかから、対外関係を中心に新たな局面に対応できる有能な幕臣が輩出されてゆく。

学問所創設と史書編纂

幕府は、寛政九年(一七九七)、それまでの林家の家塾を幕府直轄の学問所(正式名称は学問所、所在地名から昌平坂《しょうへいざか》学問所とも。通称は昌平黌《しょうへいこう》)とし、講堂、学舎、寄宿舎を備えた大規模な学校に拡張した(図3-3)。

教育対象は幕臣で、寄宿舎に住み込む寄宿稽古人、通学する通稽古《かよい》人などがいた。だが、諸

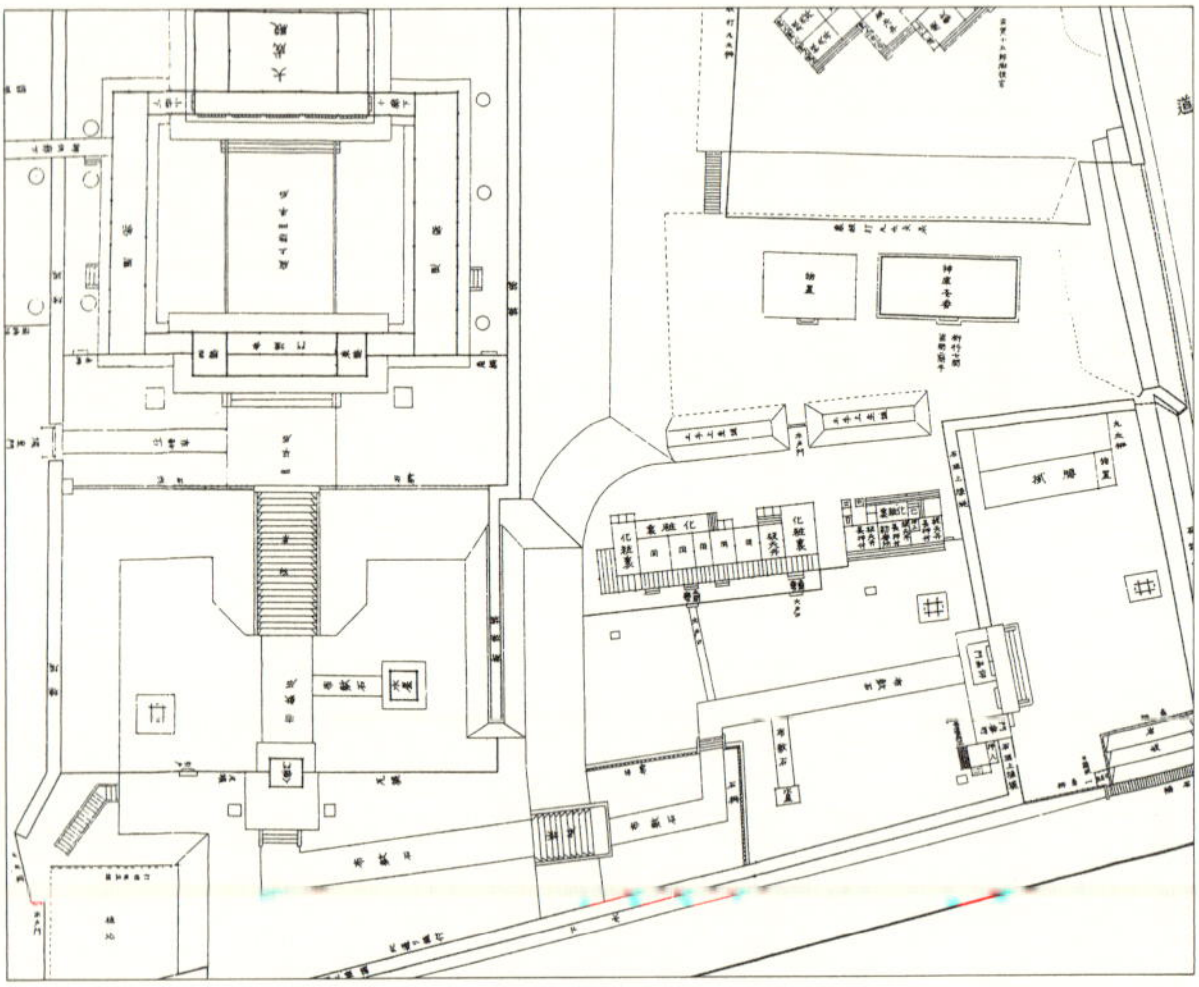

図 3-3　幕府学問所構内総絵図

藩士に対しても寄宿舎である書生寮を設けて門戸を開いたため、昌平黌は全国の武士教育の中心となった。教育内容はもちろん朱子学で、学問吟味の受験と合格を目標としたが、諸藩士に受験資格はなかった。しかし、昌平黌で学んだ諸藩士が帰藩して藩校教授などになったため、昌平黌の制度と教授の学問や思想が全国的に影響を与え、昌平黌とその朱子学の権威は高まった。

　学問所を統轄した林大学頭と学問所の儒者たちは、朱子学の研究と学生教育による教化および人材の育成にとどまらず、現実の役に立つ学問を求められた。それは、歴史書などの編纂と対外政策への関与である。そのことは林家の祖、林羅山《らざん》以来の伝統ともいえるが、一八世紀末以降の新たな歴史の展開のなかで、その学識が問われた。学問所には、地誌調所《ちししらべしょ》、沿革《えんかく》調所、御実紀《ごじっき》調所の三つの史局《しきょく》(歴史書編纂《へんさん》所)が設けられ、林大学頭述斎の指揮のもとで活発な編纂事業がおこなわれた。地誌調所では、『編脩地誌備用典籍解題《へんしゅうちしびようてんせきかいだい》』『新編武蔵風土記稿』『新編相模国風土記稿』『江戸町方書上《かきあげ》・江戸寺社書上』などの地誌と『武州古文書』『相州古文書』などの古文書集を編纂した。沿革調所では、『通航一覧《つうこういちらん》』『通航一覧続輯《ぞくしゅう》』など、近世初期からペリー来航までの対外関係史料集の編纂が特筆される。御実紀調所は、『徳川実紀《とくがわじっき》』『続徳川実紀』の編纂にあたり、徳川家と幕府の歴史を、編年体で典拠史料を明示しながら著した。学問所の史局によるものではないが、全国の孝行・忠義・貞節者の善行集である『孝義録《こうぎろく》』、大名とお目見え以上の幕臣の系譜集である『寛政重修諸家譜《かんせいちょうしゅうしょかふ》』などの大部な編纂物は、学問所の学者がおもに関わったものである。

歴史書などの編纂は、近世の曲がり角に立ち至り新たに歴史を捉えなおそうとする動きであった。そこで編まれた編纂物は、幕府が塙保己一《はなわほきいち》を援助して設立し、林大学頭が管轄した和学《わがく》講談所《こうだんしょ》において編纂された、古代から江戸初期までの古文献集である『群書類従《ぐんしょるいじゅう》』などとともに、現在まで日本史研究の基本史料として活用されている。

林家中興の祖とも称される林述斎は、対外関係の諸問題について老中から諮問をうけて答申したり、みずから意見書を提出したりしている。寛政九年（一七九七）の画家大原左金吾《さきんご》の蝦夷地に関する著作への意見をはじめとして、享和元年（一八〇一）の全蝦夷地上知の可否を問う諮問への答申、文化元年（一八〇四）に来日したロシア使節レザノフへの回答に関する諮問への答申、文化四年の長崎に渡来する異国船の国籍問題の意見書、文化六年の満州との関係についての意見書、文政七年（一八二四）のイギリス捕鯨船常陸大津浜事件の処理に関する意見書、同年の異国船打払令に関する諮問への答申、天保九年（一八三八）のモリソン号事件への対応に関する諮問への答申などがある。レザノフの件では、学問所の柴野栗山、尾藤二洲、古賀精里を動員した。林述斎の役割は、漢文の外交文書の翻訳や作成にとどまらず、対外政策に関する幕府評議への参画であり、その政治的地位は高かった。

学問所儒者と対外関係

文化八年（一八一一）に朝鮮通信使を対馬で応接した易地《えきち》聘礼《へいれい》では、林述斎とともに古賀精里らが現地へおもむき、朝鮮使節の応対や国書の翻訳と返書の作成などの重責を担った。天保一五年（一八四四）のオランダ国王書翰《しょかん》に対する老中返書の作成には、古賀侗庵《どうあん》（精里の子）らが関わり、弘化三年（一八四六）、嘉永元年（一八四八）、嘉永二年の三回にわたり打払令の復活をはかった老中阿部《あべ》正弘《まさひろ》は、外交顧問ともいうべき立場にいた学問所御用掛の筒井《つつい》政憲《まさのり》へまず最初に諮問している。

嘉永二年閏四月、老中阿部正弘らが学問所を訪れ、「海防・時務《じむ》」について発問し回答を求めた。老中から直面する海防と政務についての問いがあり、林大学頭健(壮軒《そうけん》)、学問所御用掛筒井政憲、林煒(復斎《ふくさい》)、佐藤一斎《いっさい》ら学問所関係者多数が政策論を上書した。嘉永六年のアメリカ大統領の書翰(漢文版)の翻訳を担当し、幕府がそれへの回答を諸大名や幕臣へ諮問したさい、学問所関係者も多数がそれに応えて返答案を提出した。

嘉永七年に再来日したペリーと交渉する応接掛には林大学頭復斎、同年に長崎へ来航したロシア使節プチャーチンと交渉する応接掛には、勘定奉行の川路聖謨とともに学問所御用掛の筒井政憲と学問所儒者の古賀謹一郎《きんいちろう》(謹堂《きんどう》。精里の孫、侗庵の子)、安政三年(一八五六)のイギリス使節応接掛にも古賀謹一郎が任命された。このように、朝鮮通信使のみならず、アメリカ・ロシア使節など欧米からの使節団との交渉にも学問所儒者らがあたり、和親条約を締結した。学問所儒者らは、幕末外交の現場で活躍したのである。ただし、欧米との外交文書に漢文が使われなくなると、林家の役割は著しく低下する。

対外関係役職への登用

先にふれたが(一〇一頁)、眞壁仁氏、奈良勝司氏が指摘したように、幕末にいたるほど第一線で外国関係に携わる幕府の役職に、学問吟味合格者が登用されるようになる。享和三年(一八〇三)に甲及第した学問所御用掛の筒井政憲が、老中阿部正弘の外交顧問だったのは象徴的である。頻繁に渡来する外国艦船に応対した浦賀奉行には、弘化四年(一八四七)から嘉永七年(一八五四)まで戸田氏栄(文政一一年〈一八二八〉乙及第)、ペリー来日直前の嘉永六年に井戸弘道(文政六年甲及第)が就任した。

弘化二年の常設から安政五年(一八五八)に廃止されるまで幕府の対外政策の評議機関であった海防掛には、井戸、堀利熙《としひろ》(天保一四年〈一八四三〉乙及第、林述斎の孫)、永井尚志《なおゆき》(弘化五年甲及第)、岩瀬忠震《ただなり》(天保一四年乙及第、林述斎の孫)、水野忠徳《ただのり》(天保九年乙及第)、設楽能潜《しだらのうせん》(文政元年〈一八一八〉乙及第)らがいた。そして、日米修好通商条約調印とともに安政五年七月に新設された外国奉行には、水野忠徳、永井尚志、堀利熙、土屋正直《まさなお》(安政六年乙及第)、岩瀬忠震、山口直毅(嘉永六年乙及第)、栗本鯤《こん》(鋤雲《じょうん》。天保一四年甲及第)、向山《むこうやま》栄五郎(一履)(弘化五年乙及第)、塚原昌義《まさよし》(嘉永六年乙及第)、外国奉行支配組頭には、奥村季五郎(天保一四年乙及第)、永持亨次《ながもちこうじ》郎《ろう》(天保一四年乙及第)らが就任している。

長崎奉行には、嘉永六年から安政元年(一八五四)と同四年に水野忠徳、開港とともに設置された箱館奉行には、嘉永七年から万延元年(一八六〇)まで堀利熙、文久二年(一八六二)に水野忠徳、奉行を支えた箱館奉行支配組頭には、安政二年から三年まで向山源太《げんだ》夫《ゆう》(誠斎《せいさい》。天保九年甲及第)らがいる。万延元年に咸臨丸《かんりんまる》に乗艦して太平洋を横断した軍艦奉行木村喜毅《よしたけ》も、嘉永元年乙及第だった。

このように、幕府の外国関係を第一線で担った奉行や陸海軍の奉行などの役職に、学問所で学び学問吟味に合格した幕臣が続々と就任した。しかも、老中らが国内政治を優先し、破約攘夷や貿易関係の縮小・制限、さらに瀬戸際政策をとろうとしたさいにも、欧米列強らとの条約体制を外交の現場で維持してきたのは彼らだった。

朱子学と蘭学

こうした状況は、朱子学は道徳や規範を説く、時代遅れの偏狭な学問、朱子学者は退屈な道学《どうがく》先生と理解したのでは、とても説明のつかない事実である。もともと朱子学は緻密な論理をもつ合理的な思考の学問であり、朱子学により知的・思想的な訓練をするとともに、それを土台として蘭学(洋学)との交流と吸収があった。

杉田玄白らに学んだ仙台藩の蘭方医大槻玄沢(磐水《ばんすい》)は、江戸に蘭学塾の芝蘭堂《しらんどう》を開いて蘭学者を教育し、江戸における蘭学研究の中心的存在となった。また、文化八年(一八一一)に幕府が天文方(暦の編成を担当)に蛮書和解御用《ばんしょわげごよう》を設けるとその訳員となり、フランス人シュメルの百科事典の蘭訳本を『厚生新編《こうせいしんぺん》』として翻訳するのを助けた。朱子学の家古賀家は、精里―侗庵―謹一郎と、学問所としては例外的に三代にわたって学問所儒者をつとめ、学問所に学んだ幕臣らに大きな知的影響を与えた。眞壁仁氏によると、古賀侗庵は大槻玄沢と深い親交を結び、侗庵の蔵書には洋学関係の書籍も多く、かつその思想や政策論に影響をうけていたという。玄沢の長男玄幹《げんかん》（磐里《ばんり》）は父のあとをついだが、次男清崇《きよたか》（磐渓《ばんけい》）は学問所に学んで儒者となったことは、朱子学と蘭学の交流・吸収の象徴といえる。

古賀らは、朱子学の合理的な世界観のなかに蘭学から得た新たな西洋に関する知識を取り込み、西洋世界を合理的に理解しようとした。それは、中国を中華として絶対視するのではなく、また西洋を夷狄禽獣《いてききんじゅう》視するものでもなかった。ただ、これは古賀侗庵や古賀謹一郎、昌平黌に限られず、林家の塾頭佐藤一斎に朱子学を学んだ佐久間象山が、また横井小楠《しょうなん》（熊本藩士。越前藩松平慶永《よしなが》〈春嶽《しゅんがく》〉の政治顧問）が、朱子学をつきつめ時代状況のなかで最大限に読み替え、開国・開港への指導的な思想家になったことは丸山眞男氏がつとに指摘していたことである。昌平黌で古賀侗庵や謹一郎から朱子学を学び、学問吟味に合格した幕臣たちは、幕末の幕府外交や陸海軍の創設、さらに新たな政治制度に取り組んだ。また、幕末期の開明的な知識人や諸藩士も、朱子学を土台とし、それをつきつめながら洋学的思考と知識も吸収し、新たな状況に立ち向かっていた。

蘭学の発展と蛮社

オランダ語と格闘して西洋の科学技術を学ぶ蘭学は、一八世紀後半いわゆる田沼時代に本格化し、とくに医学・天文学・地理学などの分野で発展していった。蘭学入門書の大槻玄沢『蘭学階梯《らんがくかいてい》』（天明三年〈一七八三〉。刊行は天明八年、図3-4）、蘭和辞典の稲村三伯《さんぱく》『ハルマ和解《わげ》』（寛政八年〈一七九六〉）は、オランダ語学習を助け蘭学の普及と発展に貢献した。

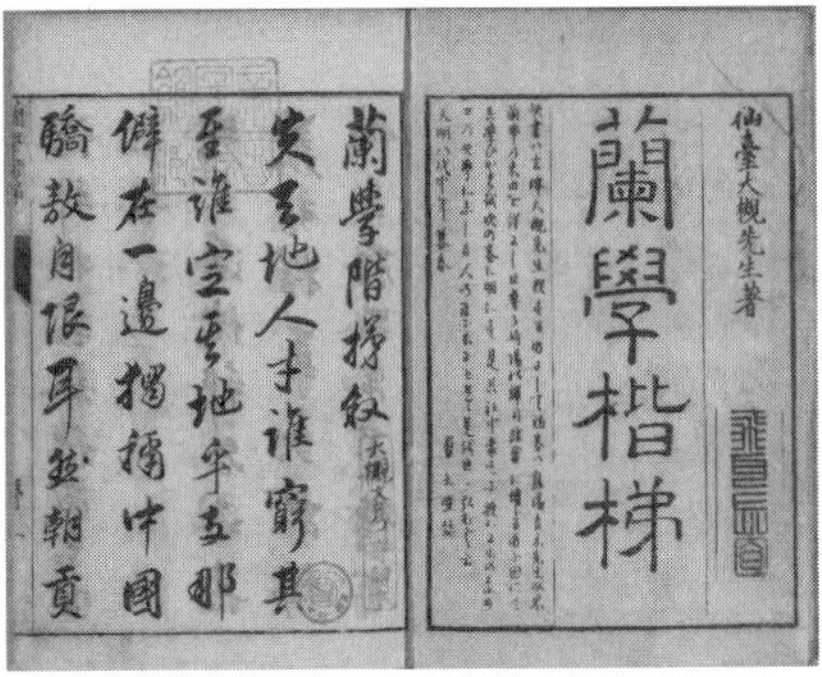

図3-4　『蘭学階梯』（国立国会図書館ウェブサイトより）

永積洋子氏によると、一八世紀末から一九世紀初めのロシア使節の来日や紛争により、海外情勢を知る必要からオランダ語の重要性が高まり、それとともにオランダ通詞《つうじ》（通訳）ら日本人のオランダ語能力が向上し、さまざまな蘭書が翻訳された。ロシアの蝦夷地接近をきっかけに、西洋世界への関心が世界地理への知識欲を高め、幕府は、対外政策をたてるうえで世界地理と西洋情勢の知識をもとめた。幕府天文方の蛮書和解御用は、天文方高橋景保の指揮のもとで、オランダ通詞だった馬場佐十郎《さじゅうろう》を中心に蘭書の翻訳にあたり、さらに異国船渡来のさいにはその応対に出向き、外交文書の調査・翻訳にもあたった。

対外的な危機が迫ると、知識人や幕府役人らのなかで、科学技術にとどまらない西洋の政治や社会、教育など幅広い西洋事情への関心が強まってきた。そのような知識人の一人である渡辺崋山を中心とした尚歯会のような集まりが、蛮社とよばれた。尚歯会の主要な構成員は、崋山や古賀精里門下の赤井《あかい》東海《とうかい》・斎藤拙堂《せつどう》、精里の子侗庵、佐藤一斎の弟子安積《あさか》艮斎《ごんさい》らの朱子学者、川路聖謨、羽倉用九(精里門人)、江川英竜らの幕臣、それに高野長英、小関《こせき》三英《さんえい》らの蘭学者だった。昌平黌儒者である古賀侗庵や昌平黌に学んだ、なかでも古賀精里の門人が多く、さらに林家塾頭で昌平黌儒者だった佐藤一斎の弟子も含まれている。なお、昌平黌に学び林述斎に師事した松崎慊堂《こうどう》も、尚歯会ではないがケンペル『日本誌』の勉強会などに参加していた。

朱子学を正学として異学の禁を発令し、学問吟味を始め、そして学問所を創設した寛政期の老中松平定信や寛政朱子学者の意図とどのような関係になるのかは不詳だが、昌平黌における朱子学、とくに古賀家の朱子学は幕末期の知的世界を形成し、新たな政治的要請にも応えうる学問となった。

国学の発展と皇国

元禄時代にはじまったわが国の古典を実証的に研究する学問は、『万葉集』や古典文芸だけではなく、『古事記』や『日本書紀』などに対象を広げ、いわゆる田沼時代に国学として発展した。国学者は、仏教や儒教など外来の思想や文化が入ってくる以前の日本古来のあり様を明らかにしようとした。賀茂真淵は、儒学や仏教などを外来思想として激しく排斥し、日本固有の古道《こどう》へ帰ることを主張した。真淵は、中国が王朝交替を繰り返したのに対して、日本は万世一系の天皇が連続していることに価値をおき、中国に対する優越性を説いた。そして、日本をさして「皇国」と表現するようになった。

真淵の門人本居宣長は、『古事記』を三五年かけて研究し、『古事記伝』を完成した（寛政一〇年〈一七九八〉）。それらの研究を通して、中国を排撃し、万世一系の天皇を戴く「皇国」日本は世界に冠たる国であると力説した。天皇は、中国よりも、また世界のどの国よりも日本が優れていることを象徴する存在となったのである。もちろん、中国のように易姓《えきせい》革命は起こらず、万世一系の天皇が持続していることが日本の安定性を示し、日本は諸外国に優越しているという主張は、林羅山、山鹿素行《やまがそこう》、伊藤仁斎《じんさい》、新井白石らの儒学者にもあるが、宣長の影響はより大きく、「皇国」「皇朝」の語が広く普及し、それが日本の「国の形」として意識されるようになった。

国学者系統の神道説は、古典の解釈にもとづいて儒教・仏教渡来以前の古代の純粋な民族的神道への復古を唱え、真淵と宣長により大成されて復古神道とよばれる。本居宣長の没後の門人と唱える平田篤胤《あつたね》は、国学に宗教性を付け加えて復古神道を継承し、それが地方の神職や豪農に広まり、幕末の尊王攘夷運動に大きな影響を与えた。

2　民衆の知の発達

次に、頂点的な学者たちの学問の発展ではなく、民衆の知的な発展を近世後期の歴史の基礎過程としてみておきたい。江戸時代後期に生きた民衆は、生産、生活、文化のさまざまな面で、ゆっくりとしかし着実な進歩・発展を遂げた。それこそが、江戸時代の社会を突き崩し近代という歴史を準備したもっとも深部の力と考える。江戸時代人の多くが暮らし、物を生産して経済と社会を根底で支え、そして生活文化を育んだ農村に住む人びとの変化を、信濃の一農村のなかにみてみよう。

信濃森村の場合

信濃国埴科《はにしな》郡森村(現、長野県千曲《ちくま》市森)の中条唯七郎《なかじょうただしちろう》(一七七三〜一八四九)が、弘化年間(一八四四〜四八)に、名主などを務めながらみずから暮らした地域社会の約五〇年(一八世紀末から一九世紀半ば近く)ほどのあいだの変化を、過去の日記などをもとにして、村人の生産や生活、そして物の考え方などについて『見聞集録』として書き留めた(柄木田文明《からきだふみあき》氏の紹介・翻刻)。ほぼ同時期の世相の変化を活写した広い意味での随筆として、『寛天《かんてん》見聞記』(寛政から天保年間の見聞記)などがあり、江戸の世相の変化をよく伝えている。それが都市における変化をとらえているのに対して、この『見聞集録』は、信濃松代《まつしろ》藩(真田家)領北信濃の農村部の変化を伝えるものである。なお、現在の森地区は「あんずの里」として知られている。

中条唯七郎は、地域社会の変化の大きさを「天地黒白」「天地隔絶」と随所に表現している。「天地黒白」の変化のいくつかを紹介してみよう。

識字率の向上

たとえば中条は、村人の識字についてつぎのように書いている。

昔は森村も無筆《むひつ》の人が多かった。いまそう言っても誰も信じてくれないほどだ。私が二二、三歳のころ(寛政六、七年〈一七九四、五〉)から素読《そどく》が流行し、一季《いっき》奉公人(一年契約の奉公人)までもが読むようになった。それ以来、さらに進んで俳諧、狂歌、和歌、そして現在では長歌を嗜む人も多いほどになった。まことにこの間に天地黒白の違いが生まれた。しかし、このような状況は森村だけのことではなく、世間一般にそのようになっている。

弘化年間ころの森村には、ごく一部の老人を除いて読み書きのできない村人はいない状況だったらしい。隠居した和尚や医師らに入門し素読の手ほどきを受ける人があらわれ、そのころは物読《ものよみ》と言っていたが、文政一〇年(一八二七)から素読と言うようになり、「今川状」などを収めた古状揃《こじょうぞろえ》(古い書状などを集めて手習いの教科書として用いられた)、庭訓往来《ていきんおうらい》(月毎の手紙の文例を集め日常生活の語彙を解説した寺子屋教科書)、実語教《じつごきょう》(教訓や道徳を説いた寺子屋教科書)、童子教《どうじきょう》(児童教訓書で寺子屋教科書)などから始め、四書五経(儒教の重要古典で、「大学」「中庸」「論語」「孟子」の四書と、「易経」「書経」「詩経」「礼記」「春秋」の五経)へと進んだらしい。一季奉公人たちは奉公先で夜間に勉強し、初めは古状揃・庭訓往来でも難しすぎると言っていたのが四書五経へと進み、素読稽古の夜は短いと嘆くほどになり、のちに素読はしなければならないものと言われたほど流行したという。素読は森村から流行し、それが各地へ広まったともいう。夜学する奉公人の姿に驚かされる。

識字率は地域的な差が大きいといわれるので、森村の例を一般化することはできない。ただ、長野市内には筆塚《ふでづか》(手習所《てならいどころ》〈寺子屋〉の門人が建てた師匠の墓)が一四〇〇基、すなわち一四〇〇人もの手習所の師匠がいたというので、その近隣である森村の識字率の高さは、この地域の特色かもしれない。

読み書き能力の向上した村民は、俳諧、狂歌や和歌などを嗜み、また各種の小説を読み、さらに生け花、茶の湯、書画などの芸事（遊芸）にまで進んだ。一九世紀にはいると農村部に俳句や和歌のサークルがたくさんでき、名のある宗匠を招いて相互に交流し、句集を刊行したことはよく知られている。上層の農民たちは、たんに読み書きができるというレベルをこえた文字文化の世界へ進んでいった。広大な裾野を持つ農村部のこのような動きが、江戸を中心にした大量の書籍の出版を支えたことはいうまでもない。

庶民の教育機関である手習所は、とくに一八世紀末から一九世紀に入ると激増し、「教育爆発」ともいわれる現象が指摘されている。商品生産、貨幣経済の発達にともない、日常の生活や生産の場で、またよりよい奉公先を得るため、読み書き算盤《そろばん》が必要になったことがその背景にあった。それが日本人の識字率を高めることに結果した。

古代都市トロイア遺跡の発見で有名なドイツのシュリーマン（一八二二〜九〇）は、慶応元年（一八六五）に横浜に上陸し、江戸や八王子での見聞を『日本中国旅行記』（石井和子訳『シュリーマン旅行記　清国・日本』）に書いている。そのなかで、「日本の教育は、ヨーロッパの最も文明化された国民と同じくらいよく普及している」「だから日本には、少なくとも日本文字と中国文字で構成された自国語を読み書き出来ない男女はいない」と記している。

嘉永七年（一八五四）に再来日したアメリカ東インド艦隊司令長官ペリーも、下田と箱館でたくさんの書物が売られ、日本人は文字が読めて知識欲が旺盛であることに驚いていた(土屋喬雄・玉城肇訳『ペルリ提督日本遠征記』)。そこまで言えるかどうかは留保するとしても、幕末日本の庶民の識字能力の高さは、欧米人が驚くほどであったことが窺える。

創意工夫と社会の経済化

民衆の知の発展は、読み書きや遊芸の面に表れただけではない。商品経済、貨幣経済の発展にうながされるように、読み書き算盤能力や蓄積された経験などから得られた知識を活用し、生産の場での改良や新たな取り組みが活発だった。

以下、具体例に即していくつかあげてみる。

●養蚕――蚕《かいこ》の餌となる桑の栽培方法が進歩する。桑の木の仕立て方は、「立て通し」という、枝を剪定《せんてい》せずそのまま大木にする方法が一般的だったが、「切桑」(刈桑《かりくわ》のことか)という枝を伐って低木にし、桑の葉を摘みやすくする仕立て方が、一八世紀後半から森村で始まり広まったという(刈桑仕立は、日本では一七世紀末以降に始まったとされる)。また、桑を栽培するため畑に畝《うね》を掘って植える「うね掘」は、森村では享和三年(一八〇三)が最初で、それは養蚕のさかんな塩尻《しおじり》(現、長野県上田市)あたりでも多くはなかった頃だという。この栽培方法の進歩は桑の生産量を増やし、養蚕の発展とともに増大する桑の需要に応え、他の村から桑買いがやってきて、栽培農家に多額の利潤をもたらした。

弘化期に「きんこ繭《まゆ》」(形のよい上等な繭の意か)がさかんに作られたが、これは文政一〇年(一八二七)から森村などで始まり、周辺村落すべてがこれを見習って大変な利益になった。山繭《やままゆ》は、文政八年ころに流行したという。つまり、人びとは利益になりそうな品種の蚕に飛びついているわけである。さかんに養蚕をするようになって金回りが良くなり、村人は戦国時代の大名・高家《こうけ》(家柄の良い家の意か)よりも安穏な暮らしをしているほどだという。

●**麦作**――川中島《かわなかじま》地域(現、長野市南部)では、いま麦は「地獄《じごく》蒔《ま》き」という栽培方法で広く作られているが、それは三〇年ほど前に善三郎という人が始め、収量が格段に増えたので人びとが学んで大きな利益を得ることになった。それは、蒔いた麦の種の上へ元肥《もとごえ》をかける方法で、かつて麦栽培に失敗した善三郎が、たまたま試みたら収穫がひときわ良かったので始めた。取るに足らないことだと馬鹿にする人もいるかもしれないが、これも才知の結果なのだという。

●**綿作**――飢饉の続いていた天保七年(一八三六)から、それまでは綿の実が良くつかなかった森村で綿ができるようになった。これは、長年の間の気候変動によるものだと推量している。中条の家では天保一四年に綿の実がつくようになり、村中や周辺でも場所を選ばずよくできるようになった。中条は、綿作の盛んになった理由を気候や土地の変化などにより説明しようとするが、やはり試行錯誤の努力の結果なのであろう。

●米作――田植えの前に、「あらくれ」(荒塊)、「中《なか》しろ」、「小《こ》中《なか》しろ」と三回も代掻《しろか》きをしていたが、いまでは養蚕が忙しくて「あらくれおこし」(荒塊起)だけで田植えをしている。また、肥料として刈敷《かりしき》(山野の草や樹木の枝をそのまま肥料とするもの)を丁寧かつ多量に入れていたが、いまは刈敷もろくに入れないのに収穫量は増えている。人の力ではなく、天然自然の変化によるのだと中条は説明するが、これもさまざまな工夫により労働生産性が向上したのである。

●杏子《あんず》――森村の杏子の花は見事で、かねてより吉野の桜に勝るとまでいわれ、花の時期には城下町松代から花見にくるほどだという。森村周辺の特産品である杏子は、以前は果実の果肉を腐らせ川で洗って中の実(種)を取り出し、五升から八升の実が銭一〇〇文くらいで売れた。ちなみに種を干した杏仁《きょうにん》は、咳止め薬の生薬である。ところが、天明八年から寛政元年頃(一七八八〜八九)、果肉を干した杏子を売ることが始まり、江戸へ出荷した。値段は四、五升の干し杏子が八〇〇文になり、杏仁の八〜一〇倍くらいの値段で売れた。思いがけない物が金になるものだ、という程度だったが、間もなく一両で二升、さらに一升それ以上の値がついた。実りの良い年には森村だけで三〇〇両もの収入になり、干し杏子の生産が流行したという。それが現在の「あんずの里」につながっている。何がお金になるかわからない、しかしお金になるとわかればどんどん取り組む。

•甘草《かんぞう》――「思いがけない物が金になる」「不意なる金銭が手に入る」のは甘草だった。甘草は、根と茎のねもとが生薬として鎮痛や咳止めに使われる薬種である。森村の近村の話であるが、山師と周りの人びとから呼ばれた人物が発起人となって三人に勧め、山師に騙されたくらいの軽い気持ちで甘草栽培に取り組んだところ、三年目(収穫まで三年かかる)に掘って売るとなんと二〇〇両になったという。手間賃が銀一匁五分というしがない大工職人が、この甘草栽培に身を入れて取り組んだところ、いまでは五〇〇両もの財産を持つ分限者《ぶげんしゃ》になった。またある者は、二四〇坪(約八アール)の畑に栽培した甘草を売ったら、掘る手間賃に八両とその他をかけても一五両もの利益になったという。千曲川周辺の甘草は格別に質がよい、との評判が遠国にまで伝わり、ある仲買人は一〇万両でも仕入れると語り、それを売薬行商、置薬《おきぐすり》で有名な越中富山へ送るのだという。甘草の栽培を勧めた山師は、桑や養蚕についてもさまざまな工夫を加えたという。

このように、何かが急に利益になったり、思いがけない物が売れて儲かったりというように、商品経済の発展に好機を見つけ、積極的に取り組んで利益をあげていく。工夫を凝らし、あるいは試行錯誤しながら新たな作物を作ったり増産したり、儲かりそうな物に力を入れ、工夫して利益を獲得してゆく。まさに社会の経済化の現象である。もはや江戸時代の村と村人ではない。

中条は、「人気さかしく上品に成」「近来は昔と違い人びとの器用才発《きようさいはつ》（賢いこと）」「大人小人の差別もなく才発に成り候」と、村人の誰もが賢くなったという感慨を書いている。これが、生産の場、生活の場での民衆の知の発展であり、識字率や学芸の浸透という文字文化の物差しでは測ることのできない近世民衆の到達点だった。

政治への関心

中条唯七郎の『見聞集録』には、森村が松代藩領だったことと、松代藩主の真田幸貫が老中として天保の改革に関わったことから、天保の改革と水野忠邦についての記事が見られる。とくに、水野忠邦への批判的な目を読みとることができる。

対外的な危機についての関心を窺わせる記述もある。天保六年（一八三五）頃、森村周辺の人が初めて長崎に行き、その後は毎年のように長崎見物に出かける者がいるという。西洋への窓口ともいうべき長崎への遊覧の活発化は、北信濃の地域でも対外情報への関心を高めたことだろう。中条は、近年は異国が日本を狙っているという風評をよく耳にすると関心を示し、城下町松代を通して入手した、イギリスやフランスなどの異国船が長崎や琉球にしばしば渡来しているという情報を書き留めている。情報は文書によってだけではなく、「ひそひそ風説《ふうせつ》」というように、ひそかに噂として飛び交っている状況もあったらしい。

そして、「例のとおり公儀《こうぎ》にては秘密と申すこと、御持病と存じたてまつり候」と書いて、幕府が情報を隠していることを持病だとこき下ろす。そこには、対外的危機が迫るなか、それへの危機感から幕府への批判的な意識をもつ知識人の姿がみえる。中条唯七郎は、各種の情報を収集し、それを通して日本が置かれた危機的な状況をとらえ、幕府や政治への批判的な眼差しを向ける各地の豪農層や知識人の一人だった。

第四章　開国・開港

1　続く異国船渡来と幕府・朝廷

頻繁な外国艦船の渡来

中国がアヘン戦争に敗北し、イギリスとの南京条約により上海など五港を開港すると、一八四四年(天保一五)にアメリカは望廈《ぼうか》条約、フランスは黄埔《こうほ》条約を結んだ。欧米列強は中国へ進出を始め、その周辺に位置する日本へ眼差しを向けるようになった。また、オホーツク海から日本海へかけての海域が捕鯨の好漁場になり、日本海側でも欧米の捕鯨船が頻繁に目撃されるようになった。この結果、琉球を含む日本の港湾に欧米艦船がしきりに渡来した(図4-1)。

日本を取り巻く国際情勢の変化を踏まえ、天保一五年(一八四四)七月、オランダは国王書翰を軍艦で長崎へ送った。そこには、中国の二の舞を避け平和な日本を毀《こわ》さないため、諸外国と通商関係を持つことを希望すると記されていた。幕府は翌年、「通信の国は朝鮮と琉球、通商の国は中国とオランダ」に限り、それ以外の国とは新たに関係を持たない「鎖国」政策を変更する意思はない、と老中連署《れんしょ》の返書をオランダ政府へ送った。

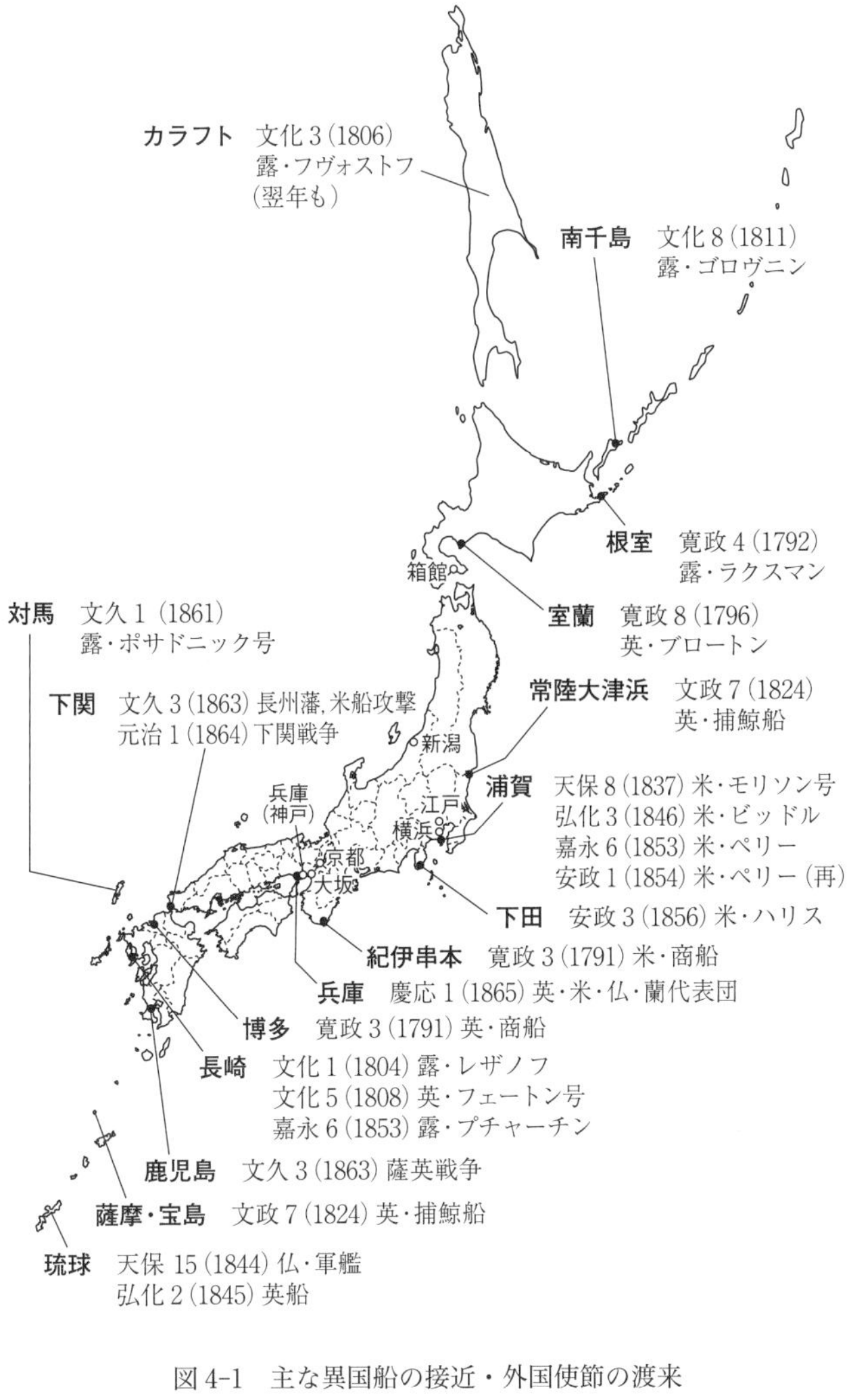

図4-1　主な異国船の接近・外国使節の渡来

弘化二年(一八四五)七月、イギリス測量艦サマラング号が長崎にやってきて湾内を測量、翌三年閏五月、アメリカ東インド艦隊司令長官ビッドルが、通商の可能性を打診するため浦賀に渡来、六月にはフランス提督セシーユが長崎へ渡来し捕鯨船の保護を要求、嘉永二年(一八四九)三月、アメリカ軍艦プレブル号が長崎へ来航、閏四月、イギリス測量艦マリナー号が浦賀と下田にやってきて湾内を測量した。琉球へは、天保一五年三月にフランス軍艦が渡来して宣教師を滞在させ、弘化三年閏五月にはセシーユが貿易を要求、イギリスも同年四月に宣教師を送り込んだ。

また、弘化二年には、アメリカ捕鯨船が日本人漂流民を送還するため浦賀に渡来、嘉永元年にはアメリカ捕鯨船が蝦夷地に漂着した。

対応の模索

渡来する異国船への警戒出動がたび重なり、諸大名と動員される領民が疲弊する恐れが出てきた。そこで老中阿部正弘を中心とする幕府は、新たな異国船対応策を模索した。

阿部は、弘化二年に老中・大小目付・勘定奉行・勘定吟味役を構成員とする海防掛を常置し、海岸防備策や対外政策を担当させた(安政五年〈一八五八〉外国奉行新設まで存続)。阿部の政治手法は、外交顧問役の学問所御用掛筒井政憲、海防掛、評定所、三奉行ら幕府諸役人の意見を集約し、さらに危機感を抱く有志大名から高い見識を持つ人物として衆望を集めていた、前水戸藩主徳川斉昭と連絡をとりながら幕政を進めるものだった。外圧による国家的な危機へ対応するため海岸防備と軍備強化を命じられた大名は、海外情報の開示と幕政への関与を求めるようになり、阿部は有志大名と協調しながら幕政を進めざるを得なかった。

阿部は、弘化三年、嘉永元年(一八四八)、同二年の三回にわたり異国船打払令の復活をはかった。しかし、軍備が整わない段階で欧米列強と戦争はできない、清国の二の舞を避ける、という筒井政憲や海防掛らの反対により実現できなかった。阿部は、即座の打払い実行ではなく打払令復活を予告して危機を煽ることにより、遅々として進まない海岸防備や軍備の強化を推進しようとしたらしい。打払令復活を断念した阿部は、嘉永二年一二月、対外的危機の切迫に対して諸大名に持続可能な海防の強化を命じた。それとともに、百姓・町人へも、国の安全保障は国民全体の問題であることを強調し、横暴な異国への敵愾心を奮い立たせ、二〇〇年にわたる泰平の「国恩」に報いるよう求め、身分に応じた海防への協力と負担を訴えた(『幕末御触書集成』)。その協力と負担は、たび重なる献金と兵卒や農兵としての動員となって民衆へ押し付けられる。

なお幕府は、嘉永二年閏四月から五月にかけて、海防策に関して海防掛や三奉行のみならず、長崎・江戸湾警備の諸大名と長崎・浦賀奉行、さらに学問所の儒者や学生に意見を求めた。これは、嘉永六年(一八五三)にアメリカ大統領書翰への回答を

幕政転換の兆し

めぐって諸大名以下に広く意見を求めた措置のさきがけであり、幕府内外の衆議を集め、公論・世論に配慮しながら幕政を進めようとするものだった。それは、幕府専権政治のあり方を修正させる兆しであり、同時に幕藩制的な政治の仕組みが解体する兆しでもあった。

嘉永二年の諮問への回答書のなかで、学問所儒者の佐藤一斎は、寛永以前に渡来していた国々へは貿易を許可することを提案した。また浦賀奉行の浅野長祚《ながよし》は、選択肢は攘夷か交易許可の二つで、いずれにしても諸大名・諸役人の意見を徴集して決定すること、貿易は国益になるのでイギリスとロシアの二か国へ交易を許可してはどうかと主張した。なお、佐藤一斎、浅野長祚、さらに阿部正弘の外交顧問の筒井政憲らは、徳川家康の時代には外国貿易が活発におこなわれていた歴史的事実を持ち出し、鎖国祖法観を相対化している。管理貿易の許可、世論の徴集、鎖国祖法観の相対化がすでに出そろっていた。

対外的危機と天皇

アメリカとフランスの艦船が渡来した情報をうけて、弘化三年(一八四六)八月、朝廷は突如として海防に関する勅書を出した。勅書は、異国船の渡来があまりに頻繁

で心配なので、幕府は海防をいっそう強化して「神州《しんしゅう》の瑕瑾《かきん》」(日本国のキズ)にならないように処置し、天皇を安心させよ、という内容だった。それと同時に朝廷は、ロシアとの紛争状況を報告した文化四年(一八〇七)の例(一九頁)を根拠として、近年の対外情勢について報告するよう要求し、幕府はそれに応じて異国船の渡来状況を報告した。つまり朝廷は対外情勢の報告を要求でき、幕府は報告の義務があるという慣例は、文化四年を先例として弘化三年に確認され、こののち頻繁に幕府は朝廷に報告するようになる。こうして朝廷は、幕府の対外政策に介入できる道を開き、幕末政治史にとって重大な意味をもつことになる。

朝廷は、弘化四年三月、石清水八幡宮の臨時祭(三三頁参照)を挙行し、異国船を風波により撃退し天皇の安泰と人民の安穏を護るよう祈った。また、嘉永三年四月を皮切りに、伊勢神宮や東大寺などの七社七寺に「夷狄調伏《いてきちょうぶく》」「異国撃攘《げきじょう》」の祈禱を命じた。神仏に祈るだけだが、それが江戸時代の天皇・朝廷に求められていた重要な役割だった。さらに嘉永三年一月、上京した老中へ、再び「神州の瑕瑾」にならないよう適切な処置をとるよう申し入れた。天皇・朝廷は、対外情勢に危機感を募らせ、その行動を活発化させていった。

2　和親条約と安政の改革

ペリーとプチャーチンの来航

嘉永六年(一八五三)年六月、欧米列強のなかでもっとも日本の開国に熱心だったアメリカから使節のペリー(図4-2)が浦賀に、同年七月、もっとも早くから対日関係樹立に取り組んできたロシアから使節のプチャーチンが長崎に来航した。ペリー来航の前年嘉永五年六月、オランダ商館長はアメリカ使節の来日情報を幕府へ伝え、貿易要求への対応策を助言した。この情報は多くの大名や朝廷にも伝わっており、ペリー来航は突然ではなく予告されていたものだった。

幕府は来航予告をうけ、海防掛らへの諮問、長崎・江戸湾防備大名らへの情報公開、さらに前水戸藩主徳川斉昭の意見聴取などの措置をとったが、特段の対策を打ち出すことなくその日を迎えた。ペリーは六月三日、蒸気艦二隻をふくむ四隻で浦賀に到着、軍事的な威嚇を交えながら、九日に久里浜《くりはま》に上陸してアメリカ大統領フィルモアの書翰を幕府に受け取らせた。

大統領書翰は、アメリカの急速な経済発展と、カリフォルニアから日本まで蒸気船で一八日間で着くことができる距離の近さを強調し、両国の友好と通商関係の樹立、捕鯨船など遭難アメリカ船の保護、および石炭や食料を供給する港湾の提供を求めた。ペリー艦隊が江戸湾内海を測量するなどの示威行動をとったことから、幕府は紛争を避けるため書翰を受領し、回答の猶予を求めた。ペリーは、来春再来日することを通告し浦賀を去った。

プチャーチンは七月に長崎に渡来し、宰相ネッセルローデの書翰を提出した。幕府は、アメリカ大統領の書翰を受領したことからこのロシア書翰も受け取った。その書翰は、国境の画定と通商関係樹立を求める内容だった。麓《ふもと》慎一氏によると、ロシアは、アメリカの対日行動をにらみながら、アメリカが日本に認めさせるであろう通商関係の成果をロシアに取り込むことを意図していた。プチャーチンは、幕府の交渉団である「露使《ろし》応接掛」の長崎到着を待つため、一〇月に長崎を退去して一二月に再来航した。

図4-2 「北亜墨利加人物ペルリ像」(嘉永6〜安政元年頃, 横浜開港資料館所蔵)

幕府の対応

ペリー離日直後の六月二二日に将軍家慶が死去し、新将軍家定《いえさだ》は健康に不安を抱え強力な幕政運営が困難ななか、幕府はアメリカへの回答を迫られた。六月一五日、大統領書翰を朝廷へ報告し、三奉行や評定所に諮問したうえで、七月、全大名と幕臣に書翰を公表して対応策の上申を求めた。幕府が、政策決定の前に全大名と幕臣の意見を徴集するやり方は、幕府専権政治から世論や公論に配慮する公議政治への転換の一歩であり、諸大名の幕政参加への道を開いたという意味で、幕末政治史の画期であり転機となった。しかし、広く意見を集めるが政策の決定と実行は幕府専権でおこなうので、江戸時代の政治構造に変化はなかった。なお提出された答申書は八〇〇通以上にのぼり、貿易容認から攘夷策までの幅があるものの、避戦策が多数意見だった。

それとほぼ同時に幕府は、前水戸藩主徳川斉昭を「海岸防禦筋御用《かいがんぼうぎょすじごよう》」(海防参与)に登用し、対外政策の顧問的立場で幕府へ迎え入れた。阿部正弘は、広く意見を徴集するとともに、貿易容認を主張する学問所御用の筒井政憲と勘定奉行の川路聖謨をブレーンとし、一貫して打払令復活に反対し続けた海防掛を重視する一方、鎖国攘夷を唱える徳川斉昭を海防参与とした。避戦を唱える多数意見、通商容認のブレーン、打払い反対の海防掛、鎖国攘夷の徳川斉昭とそれに連なる有志大名、および本音は現状維持を願う多くの幕藩領主、このような相容れない意見のバランスをとりながら進める阿部の対応策決定は、ジグザグした経過をたどらざるを得なかった。そして結局、アメリカへの回答をのらりくらりと先延ばしする「ぶらかし」策により時間稼ぎをし、その間に海防を強化するという方針となった。

嘉永六年一一月一日、幕府はアメリカへの対応方針を発表した。それは、通商要求については「ぶらかし」策をとり、日本側は穏便に対応するがアメリカの出方によっては戦争もありうるので防備態勢を準備せよ、という内容だった。通商容認論と鎖国攘夷論の政策対立の結果、対応策はわかりにくいものとなった。

プチャーチンとの交渉のため、筒井政憲・川路聖謨・古賀謹一郎らが長崎へ派遣された。ロシアへの回答は、国境画定にはなお調査が必要であり、国際情勢の変化により貿易の必要性は理解できるが日本には国力がない、という内容だった。日本側は実際の交渉で、国境問題で譲歩せず、貿易は棚上げしつつも通商条約はロシアと一番目に結び、先に他国と結んだ場合はロシアにも適用すると約束した。プチャーチンは、クリミア戦争開戦(一八五三年一〇月)の状況もあり、通商条約に関する約束を獲得したことを成果として長崎を退去した。

和親条約の締結

嘉永七年一月一六日、蒸気艦三、帆船四の計七隻と増強されたペリー艦隊は、予告通り再来日した(図4-3)。江戸湾内海を測量するなどの軍事的威嚇行動をうけた幕府は、漂流民の保護と石炭や食料の供給は認めるが、貿易は先延ばしという方針で交渉し、ペリー側が貿易について強硬に主張しなかったことから合意が成立した。三月三日に日米和親条約が締結され、第二条でアメリカ船のために下田・箱館を開港して欠

図4-3　「フレガット蒸気船ポウハタン」（横浜市中央図書館所蔵）　ペリー再来航時の旗艦

乏の品を供給すること、以下、漂流民の保護、最恵国待遇（日本がアメリカ以外の国へより有利な条件を与えた場合、アメリカにも適用するという条項）などを規定した。第一一条の領事駐在の規定は、条約の漢文・和文と蘭文・英文とのあいだに解釈のズレがあり、アメリカは一八か月後に下田に領事を駐在させることができると解釈し、日本側はやむを得ない事情が生じ両国政府が協議して合意すれば駐在できると解釈したため、一八か月後の総領事ハリスの来日でもめることになった。

　幕府の理解では、日米和親条約により日本とアメリカが通信の関係、あるいは通商の関係になったわけでもなかった。幕府は、軍備が整わないのでやむなく寛大な処置として、アメリカが望んだ漂流民保護と石炭・食料など欠乏品の供給を認めてやり、好き勝手な港に寄航させせないため下田と箱館の港を指定したと国内向けに説明した。しかし、いかに幕府が取り繕おうと、「アメリカの軍事的な威しに負けて結んだ屈辱的な条約」と多くの人びとにうけとられた。「屈辱的な条約」

は皇国が侮辱されたと意識され、攘夷感情に火をつける結果となった。
イギリスとは、クリミア戦争の関係で長崎に渡来しただけのイギリス中国方面艦隊司令官スターリングと、嘉永七年八月に日米和親条約に準拠した日英和親約定を締結した。ロシアとは、安政元年(一八五四)一二月に日露通好条約を結び、日露国境については、千島(クリル)列島はエトロフ以南を日本領とし、カラフトは境界を決めず従来のままと定め、日本は下田・箱館・長崎港を開き領事の駐在を認めた。いずれも通商条約ではなかったので、イギリスが主導する資本主義的世界市場への本格的編入には至らなかったものの、それへ向けて重大な一歩をふみだし、道筋はつけられた。

安政の幕政改革

ペリー来航以降、幕府の政治に大きな変化が生まれた。眼前の対外的危機に対抗しようと、安政の改革とよばれる幕政の改革がおこなわれた。第一に人材登用、第二に軍事力強化策がおもな内容である。

人材登用では、嘉永六年から七年にかけて、日米和親条約、日露通好条約締結交渉に活躍し、安政期以降の積極的な貿易政策を担って「幕末の三傑」と称された逸材である堀利熙《としひろ》・永井尚志《なおゆき》・岩瀬忠震《ただなり》、さらに対外関係分野で活躍する大久保忠寛《ただひろ》らが海防掛目付に登用された。また、嘉永六年の諮問に応え積極的な外国貿易を主張した向山源太夫と勝海舟らもまた引き立てられている。先述のように（第三章）、海防掛、浦賀・長崎・箱館奉行、外国奉行など対外関係の役職に就任し、条約締結や開国政策を推進した幕府役人には、学問所で学んだ学問吟味及第者が多かった。

軍事力強化では、嘉永六年八月、江戸防衛のため韮山代官江川英竜が献策した品川台場《だいば》（砲台）の築造に着手し、九月には懸案だった大船建造の禁を解き、軍艦の建造と輸入による海軍の創設に踏み出した。そして、オランダ国王から蒸気船が贈られたのを機に、安政二年七月に長崎に海軍伝習所を創設し、勝海舟や榎本武揚《えのもとたけあき》ら幕臣と諸藩士を全国から集め、オランダ海軍士官を教官に招いて西洋式の海軍術を学ばせた。

講武所と蕃書調所

安政元年一二月、江戸に五か所の講武場、ついで同三年四月に江戸築地《つきじ》に講武所（のち陸軍所）を設けて幕臣らに伝統的な武術と西洋砲術を教授し、付属施設として軍艦操練所と銃陣調練場もつくった。講武所は伝統的な槍剣術と西洋砲術が入り乱れ、さらに、歩兵隊や砲隊のような士官と兵卒からなる西洋式軍隊編成は、伝統的武術と軍制になじんだ幕臣になかなか受け入れられなかった。それでも以後は、西洋砲術が幕臣の武芸の一つとなっていく。なお同じ頃、江川英竜の子英敏《ひでとし》は芝新銭座《しばしんせんざ》大小砲習練場を開設し、徒組《かちぐみ》、小十人組《こじゅうにんぐみ》、小姓組、さらには八王子千人頭《かしら》などからの修習生に洋式銃砲の教育をおこなった。

ここで調練に励んだ千人頭らが、帰郷して九〇〇人に及ぶ千人同心を指導し、ゲベール銃を装備した西洋式の銃陣稽古をしている(図4-4)。安政の改革が、近代的な陸海軍創設の出発点となった。

安政二年正月、西洋軍事技術の導入と外交事務の処理能力を向上させるため、洋学の研究教育機関である洋学所を設けた。学問所儒者の古賀謹一郎を頭取とし、翌年二月に蕃書調所《ばんしょしらべしょ》(後に洋書調所ついで開成所《かいせいじょ》)と改称した。西洋軍事書などの翻訳と幕臣・諸藩士への洋学教育にあたり、軍事技術を中心とする西洋の科学技術と外国事情を研究・紹介した。しだいに学科や学問分野を拡充し、日本の近代化に大きな足跡を残すことになる。学問所儒者の古賀謹一郎が洋学の研究教育機関の責任者になっているところに、幕末の学問所の特色がよく出ている。

図4-4　千人同心二宮光鄰(八王子市郷土資料館所蔵)　レキション羽織を着て近代化された服装をしている

3　通商条約の締結

貿易政策の転換

日米和親条約などは、欠乏品を購入できると規定しただけで貿易を許可したわけではなく、つぎの焦点は、欧米列強が要求する貿易をどうするのかだった。

老中阿部正弘は、和親条約交渉を現場で担い、かつ貿易容認あるいは推進の立場に立つ人材を登用したこともあり、安政二年(一八五五)後半頃から貿易容認政策へ転換しはじめたらしい。とくに安政二年八月に徳川斉昭を政務参与とする一方で、同年一〇月、「蘭癖《らんぺき》」とも称されたほど蘭学好きで、のちに貿易政策を推進した下総佐倉藩主の堀田正睦《まさよし》を老中首座《しゅざ》にすえ、貿易政策転換の布石を打った。

安政三年七月、オランダ理事官クルチウスが貿易を要求するイギリス使節の来日計画を伝え、通商条約を締結するよう勧告した。これなどをうけて阿部正弘は、八月、貿易の利益により富国強兵をはかることを基本にすえ、貿易開始の方針を明確にした。一〇月に外国事務取扱(専任外相)となった堀田正睦は、外国貿易取調掛を任命して作業を具体化させた。しかし、この頃までの堀田の構想は、貿易利益の獲得を目的とした幕府による官営貿易か長崎でおこなわれていた貿易方式であった。貿易推進派の海防掛大小目付も、産物会所を設置して外国貿易に備えるという構想をたて、いずれも自由貿易ではない国家の手で統制・管理された管理貿易を想定していた。それゆえ、安政四年八月に結んだ、最初の通商条約といわれるオランダとの日蘭追加条約も、船数や取引額の制限はなく、ある程度の自由取引を認めたものの、管理貿易の一種だった。幕府は、アメリカ、イギリスともこれに準拠した条約の締結を目論んでいた。当時、自由貿易を主張していたのは、阿部正弘の外交顧問、筒井政憲くらいだった。

日米通商条約交渉

堀田や海防掛目付らが自由貿易へ転換するのは、安政三年七月に下田に着任したアメリカ総領事ハリスとの交渉以降である（図4-5）。安政四年一〇月、幕府は世界情勢の変化により「鎖国」を変更せざるを得ないという方針を示し、一二月からハリスと日本側全権下田奉行井上清直《いのうえきよなお》・目付岩瀬忠震の正式交渉が始まった。ハリスは、開港場の増加とそこでの自由貿易、居留地の設置などを強硬に主張し、イギリスとフランスが共同して中国を攻撃していたアロー戦争（第二次アヘン戦争）を「脅迫」の材料として、幕府が想定していた管理貿易案を一蹴した。

図4-5　ハリス（右）と通訳官ヒュースケン（左）（「えびすのうわさ」部分，国立国会図書館所蔵）

結局、長崎・箱館・神奈川（横浜）・兵庫（神戸）・新潟の五港の開港と居留地の設置、貿易は自由貿易とすることで、安政五年一月に最終合意に達した。日本側は、外国商人が自由に日本国内を旅行して商取引できる内地通商権を認めなかったが、領事裁判権（いわゆる治外法権）、協定関税制（関税率を自主的に決定する権限なし）、最恵国待遇条項などは、認識不足からほとんど議論せず了承し、明治期に入り不平等条約として問題となった。

幕府は、通商条約締結に対して諸大名らの納得と支持を得るため、二回にわたり意見の提出を求めた。反対論もあったが、通商条約やむなしの意見が多かった。さらに幕府は、朝廷に勅《ちょっ》許《きょ》を求めることにした。日米和親条約のときは調印後に朝廷に報告した事後承認だったが、調印以前に通商条約の勅許を求めようとしたことは、まったく新たな政治決定のやり方であった。その背景には、天皇の権威を利用して条約締結への異論を封じ込める意図とともに、勅許は簡単に得られるという読みがあった。幕府は、「鎖国」から開国・開港へという大転換にあたり、国論の統一に天皇・朝廷を政治的に利用しようとしたのである。しかし、この措置は天皇・朝廷を現実政治の場に引き出してその政治的権威を急浮上させ、天皇が幕末政治史の焦点に躍り出る結果となった。

老中堀田正睦は、安政五年二月、川路聖謨や岩瀬忠震らとともに京都に着き、条約勅許を天皇・朝廷へ願い出た。

通商条約と天皇・朝廷

弘化期から対外情勢に危機感を募らせていた朝廷だが、アメリカ大統領の書翰への対応は、幕府へ政務委任なのであれこれ指示しないが、天皇が心配しているので回答を内々に伝えるようにと幕府へ返答した。条約調印の報告を受けると、国防態勢が不備の状況ではやむを得ないと了承し、「神州の瑕瑾」にならないようにと釘を刺した程度だった。当時の朝廷の実力者、関白鷹司政通《たかつかさまさみち》は、かつては広く諸外国と関係を持っていたのだから長崎に限定した貿易なら問題なく、戦争して負けるより貿易で利益をあげる方が得策、という限定的開国論者だった。しかし、公家のなかには、外国に屈服して「神国」「皇国」を汚したと幕府に反発し、それに抗議もしない関白への不満がくすぶっていた。

天皇・朝廷は、天皇の安泰が脅かされるのではないかと恐れおののき、伊勢神宮以下の諸社へ天下泰平・外患撃攘を繰り返し祈禱させた。その恐怖から、京都警衛の強化を幕府へ申し入れた。そのさなか、嘉永七年(一八五四)四月に禁裏御所その他が全焼してしまった。幕府は、朝廷との良好な関係に配慮して、一年七か月(ちなみに、前回の寛政御所造営は二年一一か月)という短時日で焼失前とほぼ同じ御所を造営した。

朝廷の意思は朝議により決められ、関白と武家伝奏・議奏が協議して決定する仕組みだった。ところが弘化二年(一八四六)に即位した孝明《こうめい》天皇は、通商条約について現任《げんにん》の公卿《くぎょう》(位階が三位以上か官職が参議《さんぎ》以上）全員に意見を出させた。なかには、条約賛成者もいたが、蛮夷のアメリカは神国・皇国日本を汚すという生理的拒絶反応などから、多くは条約に否定的だった。条約反対論者のなかには元寇《げんこう》（一三世紀の元の襲来）を持ち出し、攘夷を主張する者すらいた。孝明天皇自身は、和親条約まで拒否するわけではないが、通商条約反対・鎖国維持の頑固な鎖国攘夷論者だった。

堀田正睦らは、国際情勢の変化を説き、条約を拒否すれば欧米列強を敵にまわして戦争になり、勝利の可能性はないと説明し、関白以下の公家を必死に説得した。関白らは納得し、朝廷では判断できないので幕府の方で対処してくれ、という主旨の勅答を出すことに決め、天皇もやむを得ないと判断した。それは、幕府へ判断を一任する結論であり、条約勅許を意味した。

条約調印と継嗣問題

ところが、勅答案を見た公家から異論が続出し、幕府に一任する主旨の文面を削除して、幕府はなおよく考えるようにとする修正を求めたが、関白らは三月一一日に勅許の朝議決定をおこなった。しかし、翌一二日に八八名もの堂上《とうしょう》公家（官位が三位以上と四位・五位のうち昇殿を許された公家）が禁裏御所に集まり、幕府一任の文面の削除を要求する願書に署名し、関白邸へ押しかけて勅答案の撤回を迫った。前代未聞の公家の一揆・強訴である。その後、勅答案反対の動きは、堂上公家から非蔵人《ひくろうど》（賀茂社などの社家から出て、無位無官ながら御所の雑用を務めた)、さらに地下官人《じげかんじん》(官位が六位以下の官人)に至る朝廷構成員全体に広がり、非蔵人五五名、地下官人九三名が連名で勅答案の撤回を願い出た。朝廷は条約反対の大合唱に包まれ勅答案は撤回に追い込まれた。

朝廷は三月二〇日に堀田らを呼び、条約では国威が立たず国体にもかかわり、どのような災厄が生じるか測りがたいので、三家以下の諸大名らと衆議のうえ再度伺い出るように、と回答した。堀田は、公家たちは「正気の沙汰」ではないと憤ったが、条約勅許の獲得に失敗してしまったのである。

当時の幕府は、通商条約の他に将軍継嗣《けいし》という問題を抱えていた。一三代将軍家定は病弱で後継の男子がいなかったため、継嗣をめぐって大名と幕臣を巻き込んだ深刻な対立がおこっていた。一橋家の徳川慶喜《よしのぶ》(徳川斉昭の子。正確には徳川慶喜だが、以下、通称のように一橋慶喜と表記)を推す、幕政への参加をめざす外様有力大名と通商条約を推進する幕臣らから成る一橋派と、紀伊徳川家の徳川慶福《よしとみ》(後の将軍家茂《いえもち》)を推す、現状の幕政を維持しようとする譜代《ふだい》大名らから成る南紀《なんき》派とが争った。条約と継嗣という二大問題をめぐる幕府と朝廷の対立、大名・幕臣間の対立という難局を乗り切るため、彦根藩主井伊《いい》直弼《なおすけ》が安政五年四月に大老に就任した。

井伊らは、通商条約問題に対する朝廷の指示に従って諸大名の意見を徴集し、明確な反対意見がなかったことから天皇の承認を得るつもりだった。ところが、アメリカ総領事ハリスが、アロー戦争で中国に勝利したイギリス・フランス連合軍が日本に押し寄せると脅迫的な圧力を加えたため、結局は勅許を得ぬまま六月に日米修好通商条約に調印してしまった。こうして、欧米列強の中国への軍事行動とそれを利用した威嚇により、日本は資本主義的世界市場へ強制的に編入されることになった。

将軍継嗣問題では、将軍家定の意向もうけて徳川慶福に決定した。幕府は安政五年七月、通商条約体制下の外交に対処するため、海防掛を廃止して外交担当の外国奉行を新設し、奉行には多く通商条約推進派の役人が就任した。そのもとで、あいついでオランダ・ロシア・イギリス・フランスと通商条約を結んだ(安政五か国条約)。これ以降、通商条約と継嗣問題の反対派の切り崩しと弾圧、すなわち安政の大獄が始まる(後述、一七〇頁以下)。通商条約調印を知った孝明天皇は、関白の頭を扇子で強く叩いたといわれるほど逆鱗《げきりん》し、譲位の意思まで表明した。

国論の分裂と政治闘争

幕府が、政務委任の原則から逸脱し、天皇から条約調印の許可を得ようとしたこと自体が前代未聞だが、天皇が、幕府の意向に反して不許可にしたのも前代未聞だった。その結果、幕府は開国和親、朝廷は鎖国攘夷に分裂し国論が二分された。この分裂した国論を、どこにそしてどのように統一するのかをめぐり激しい政治闘争が展開されることになった。そのなかで、どちらの政治勢力もともに天皇を自己の陣営に取り込み、政策や運動を正当化しようとしたため、天皇は幕末政治史の焦点に浮上していった。

通商条約の締結、すなわち資本主義的世界市場への強制的編入は、欧米列強への国家と民族の従属化、植民地化の危機である。その状況のもとで、国家と国民の対外的独立を実現しようとするさまざまな政治的行動と運動が展開されることになる。開港・貿易を推進する幕府の外国奉行を中心とする外交担当の役人、対外的には開港・貿易しか選択肢はないと考えつつも、国内の天皇・朝廷や反対勢力との関係で曖昧な姿勢をとり続ける老中ら幕府重職、鎖国攘夷を主張する天皇・朝廷とそれを支える長州藩や草莽《そうもう》の浪士たち、幕政に参画しようと行動する有力大名たちなど、さまざまな主張と勢力による政治闘争が続き、幕末政治史は複雑な過程をたどる。

尊王攘夷運動も公武《こうぶ》合体《がったい》運動も、また幕府の外交担当役人らの条約遵守の行動も政治闘争の一環である。そのなかから、もはや従来の幕府や幕藩体制という政治制度で対応できるものではなく、外圧に抵抗し国家的民族的独立を達成するための、強力な中央政府と国家体制の構築が模索されていく。はじめは、有力大名の幕府政治への参加による中央政府としての幕府の強化、ついで幕府に代わる天皇を頂点とした有力大名の合議政体がめざされ、最終的には明治新政府の樹立に至る激烈な政治闘争が繰り広げられる。

通商条約の締結は、国家と国民の対外的独立を危機の瀬戸際に追い込む可能性をはらんだため、江戸時代の政治体制の根本的転換を迫る幕末大動乱の幕開けを導きだし、近代国家への直接的起点となった。

4　開港と民衆・幕府

ペリー来航と民衆

ペリーらの来航は、民衆にとって何だったのか。ペリー来航の噂はまたたく間に国内を駆けめぐり、後世の作も含めてさまざまな狂歌や落首《らくしゅ》の類が作られただけではなく、民衆があたかも物見遊山のように小船に乗って、あるいは海岸からの黒船見物におしかけたことは有名である(図4-6)。それは、嘉永七年(一八五四)二月、幕府が黒船見物を禁止する触書を出したほどである。そこには、幕府が期待した国威や体面を蔑ろにする異国人に対する民衆の敵愾心や憤激など微塵もみられない。

それどころか、幕府は江戸と周辺地域の治安の悪化と騒動の発生を恐れ、先手組《さきて》(火付盗賊改として江戸市中の防火と警察を担当)を巡回させて警戒し、ペリー来航を好機とした商人による便

図4-6　「神奈川内宮河岸ノ図」(部分，江戸時代後期，横浜市中央図書館所蔵)　河岸から人びとがペリー艦隊を見物している様子

乗値上げを取り締まった。また、百姓一揆や打ちこわしをおそれ、幕領・私領を問わない取締りの強化と、混乱に乗じた「悪党・無宿者」の逮捕や切捨てを命じた。全国民の結集・協力どころか、対外的危機が引き起こす国内的危機を警戒せざるを得なかった。

対外的危機への軍事的対応にかかる経費は、新たな財源のないなか必然的に民衆へ転嫁されることになった。幕府は、嘉永六年八月から江戸および幕領の村々へ「国恩冥加金」の上納を迫った。国家の安危にかかわる事態に直面して臨時の莫大な出費が必要となり、国家の防衛には四民が協力すべきなので、二〇〇年の泰平の国恩に報いるため上げ金(献金)を願い出るよう命じた。ふたたび四民の協力と泰平への報恩を持ち出し、代官所の強力な指導により幕領農村から自発的に願い出る形式をとって献金が強要された。たとえば、武蔵多摩郡駒木野《こまぎの》・小《こ》仏宿《ぼとけ》組合村では、合計五〇〇両もの国恩冥加金を上納した(以下、八王子に関する事実は『新八王子市史　資料編4近世2』)。

幕末期の幕領農村の上納金は、森田武氏によると、武蔵足立郡三室《みむろ》村(現、埼玉県さいたま市緑区)の事例では、天保一一年(一八四〇)の江戸城西丸普請に七二両、嘉永七年(一八五四)の品川台場普請に七五両、万延《まんえん》元年(一八六〇)の江戸城本丸普請に八〇両、慶応二年(一八六六)の第二次幕長戦争に一二〇両にのぼり、負担させられたのは村役人などを兼ねる豪農・豪商たちだった。武蔵多摩郡八王子周辺では、嘉永六年の国恩冥加金を嚆矢として、品川台場普請用木材の伐出し労働、文久《ぶんきゅう》三年(一八六三)の御進発(将軍家茂の上洛)上納金、慶応二年の御進発(第二次幕長戦争への家茂の出陣)再度上納金、農兵献金などがあいつぎ、それに幕領兵賦《へいふ》や農兵(後述、一七七頁)、助郷《すけごう》役の急増が加わり、その負担は過重なものとなっていった。

旗本領の村では、知行主から武器の購入費など軍用を名目に献金や御用金を求められた。武蔵多摩郡内一四か村に一三〇〇石の知行地をもつ高家《こうけ》前田氏の場合、嘉永六年と七年に二〇〇両、馬喰町《ばくろちょう》貸付会所からの二〇〇両、安政二年に一六七両、三年に一五〇両、その他を合わせると一〇〇〇両にのぼる御用金を村々に負担させた。さすがに耐えきれなくなった村側は、安政六年に老中、さらには大老へ駕籠訴するに至ったほどである。なお、金のみならず旗本屋敷の警備などのため夫役《ぶやく》(人足役)を課された村もあり、旗本兵賦や助郷負担の増大とともにその負担は耐え難くなっていった。

武蔵多摩郡上恩方《かみおんがた》村(現、東京都八王子市)のある名主は、アメリカ人が渡来してから世の中が悪くなり、幕府や地頭は軍備のことばかりで下々はひどく難儀だと日記に書いた(『尾崎日記』)。村からみると、異国人への敵愾心などを持つこともなく、ペリー来航による対外的危機の現実化は、幕府や大名・旗本からの負担転嫁をもたらしただけだった。

開港は近代国家への政治変革の直接的な起点となったが、それは同時に経済的にも近代への起点となった。

貿易開始と福澤諭吉

安政六年六月から貿易が始まり、それから数年たった文久年間(一八六一～六四)に、福澤諭吉は開港後の日本経済の変化を『唐人往来《とうじんおうらい》』に書いている(『福澤諭吉選集』第1巻)。世間では、貿易が始まってから外国が無用の品をもってきて日本の有用な物と交換するので、国内の品物がだんだん少なくなり、その結果、物価が高くて人びとが難儀している、という話(「諸色高直諸人難儀《しょしきこうじきしょにんなんぎ》」)が流布しているが、これは道理のわからぬ人が勝手に言い触らしている空《そら》言《ごと》だと批判する。

無用品と有用品の交換という説について、輸入品は、羅紗《らしゃ》、呉絽服《ごろふく》、更紗《さらさ》、金巾《かなきん》、びろうど、唐桟《とうざん》、鉄、錫《すず》、ブリキ、薬種で、輸出品は、絹糸、茶、煙草、蠟《ろう》、油、樟脳《しょうのう》、昆布、椎茸、いりこ、鮑、フカヒレなどで、どれが有用でどれが無用ということはなく、余っている物を不足している物と取り替えているだけのことだという。

「諸色高直諸人難儀」という説については、これも評判ばかりで根も葉もないことで、品物が値上がりしたのではなく金貨の価値が下がったのであり、昔の一両の品物は現在は三両か四両に相当し、物価が高いから日用《ひよう》（日傭）の賃金も上昇し、武家が売り出す年貢米も同じ割合で高くなっているので誰も困るわけがない、と批判する。

経済の好循環

それどころか、貿易が始まってから日本中金回りがよく、難儀する者が減っているではないかと指摘し、その証拠をあげる。最近は奉公人が少なく、街道筋の雲助《くもすけ》（駕籠かつぎ）も減っているのは、もっと良い稼ぎ口ができたからだ、という。さらに、一〇万石ほどの東北大名領の変化をあげる。領内からの生糸販売が増加し、その額は一年で九〇万両にものぼり、人口一〇万人として一年に一人九両の金を得る計算になり、莫大な利益となった。その領内ではわれもわれもと養蚕に励むため奉公に出る者などいなくなり、誰もが暮らし向きが良くなって、家の普請をしたり着物を買ったり、麦飯をやめて米飯を喰うようになった。そのため米も魚も高くなって、百姓も漁師も大工も左官も金回りがよくなり、国中の暮らし向きが良くなった、という。開港による生糸輸出を起点とした、まさに経済の好循環が生まれたおかげである。

東北のある大名領だけのことではなく、日本中が同じ状況だという。生糸のできないところは綿をつくり、綿のできないところは菜種をつくり、輸出品ではない米や麦も国中の金回りが良いためよく売れ、百姓も職人も仕事に追われるほど忙しくなった。貿易が始まって世間一般の利益になったのを譬《たと》えると、やや不人情な話ながら江戸で火事があれば鳶職《とびしょく》が喜ぶのと同じだという。そして、貿易は日本繁昌の基礎だと思って喜ぶべきだと断言する。貿易開始がもたらした幕末日本経済の変動の一面について、分かりやすくかつ鋭い、しかしやや楽観的な言説である。現実はどうだったのか。

貿易の活況

安政六年六月、横浜・箱館・長崎の三港が開港されて直ちに自由貿易が始まり、横浜を中心に貿易は急速に発展していった。幕府や大名たち幕藩領主が、違勅調《いちょく》印だ、鎖国攘夷だ、などと政治闘争を繰り広げているのを尻目に、民衆は、ほぼ国内で完結していた流通が外国へ開かれた結果、目の前に生まれたさまざまな商機に乗り遅れまいと、堰を切ったように貿易に乗りだしていった。

安政六年から慶応三年(一八六七)までの輸出入総額の八〇パーセントを横浜港が占め、貿易

図 4-7　「神奈川横浜新開港図」(安政 6 年〈1859〉，歌川貞秀画，横浜開港資料館所蔵)

の中心港だった(図4-7)。横浜港の輸出額は、万延元年(一八六〇)の三九五万ドルから慶応元年(一八六五)には一七四六万ドルへ四・四倍に急拡大した。輸入額も、万延元年の九四万ドルから慶応元年には一三二五万ドルへ一四倍にも拡大した。万延元年から慶応三年までの横浜港の輸出総額は七五八五万ドルに対して、同期間の輸入総額は五三四二万ドルなので全体としては輸出超過だった。しかし、慶応三年には輸入超過となり、その後その傾向が続くことになる。貿易の相手国としては、日本の開国・開港にあまり熱心ではなかったイギリスが圧倒的な地位を占めた。

　横浜港の輸出品では、万延元年から慶応三年までの輸出総額に占める生糸の割合が七三パーセントを越えて圧倒的に多く、ついで茶や蚕卵紙《さんらんし》(蚕の蛾に卵を産みつけさせた紙。蚕種紙《かいこたねがみ》)などが続いた。生糸の輸出額は、万延元年に二五九万ドルだったものが、慶応元年には一四六一万ドルへ五・六倍に発展している。イギリス領事代理が、この港における生糸輸出の急速な発展は、東洋において未曾有のものである、と驚くほどのものだった。生糸輸出の増大が貿易総額の拡大につながったのである。ただ、粗製乱造による品質の低下とヨーロッパ製糸業の回復(後述、一五四頁)により、慶応二年から輸出額は減少してゆく。同期間の輸入品では、綿織物・毛織物が六一パーセントを占め、武器・艦船九・六パーセント、綿糸七・七パーセントが続いた。綿糸は、文久元年(一八六一)に七万ドルだったが、慶応三年には一三四万ドルへ一九倍に増大した。なお、武器・艦船の輸入は、長崎港の方がはるかに多かったといわれる。

日本商人は、開港場に設定された居留地に進出してきた外国商社・商人と自由に貿易することができた。居留地に隣接する横浜の町々には貿易を求めて各地から商人が集まり、そのなかから外国商人との取引を仲介する売込商《うりこみしょう》と引取商《ひきとりしょう》が生まれた。生糸は、生産者から集荷した在《ざい》方《かた》荷主が、横浜の茂《も》木《ぎ》惣兵衛《そうべえ》や原善三郎《はらぜんざぶろう》などの生糸売込商のところへ運び、外国商人へ売却され輸出された。綿布・綿糸は、横浜の平沼専蔵《ひらぬませんぞう》ら綿糸布引取商が外国商人から買い付け、都市問屋を通して消費者や綿布生産者へ販売された。

幕府は、攘夷主義者による外国人の殺傷事件を恐れて、通商条約で外国人の内地通商権を認めなかった。そのため、外国人が直接に生糸を在方荷主や生産者から買い付けることができなかったので、貿易が生み出す利益は、生産者、在方荷主、売込商のもとに蓄積されていった。

生糸は、一六世紀から一七世紀にかけて日本最大の輸入品であった。その後、国内生産が発展して一八世紀初めには和糸《わし》によりほぼ自給できるようになり、幕末開港以降には日本最大の輸出品に成長したのである。

生糸輸出の急増

開港後急速に生糸輸出が増大した理由は、第一に、一八六〇年ころヨーロッパで蚕の病気である微粒子病が流行し、フランスを中心に生糸産業が大打撃をうけたことと、第二に輸出価格の高さであった。当時の横浜からの輸出価格はヨーロッパの生糸価格に比べると、当初は四〇パーセント程度、慶応三年(一八六七)ころで六、七〇パーセントだったため、外国商人は日本産生糸で大きな利益を手にした。しかし、それ以前の日本の国内価格に比べると輸出価格はかなり高く、日本の生糸生産者と在方商人も潤ったのである。

武蔵多摩郡八王子辺の上物《じょうもの》の新糸相場は、一両につき、開港前の嘉永四年が二一〇匁、嘉永六年が一五〇匁、安政二年が一八〇〜二〇〇匁程度だったが、開港した安政六年は一一〇〜一二五匁に上昇し、「糸いたって高値」と言われた。文久元年(一八六一)が八五匁、文久二年は輸出用が七〇匁、国内用が八〇匁、文久三年が輸出用は六〇匁、国内用の上物は六〇〜七、八〇匁、元治《げんじ》元年(一八六四)は二月に五〇匁、三月に四〇匁、四月に五、六〇匁、九月に六三、四匁、慶応元年(一八六五)が五月に五〇匁、七月に四二匁まで上昇した。貿易開始以前と比較すると、糸価は四、五倍まで急騰している。八王子では、在方荷主により月六回の市や生産者から集荷された生糸が、のちに「絹の道」と名づけられた横浜へ向かう街道を通って大量に運ばれた(図4-8)。

八王子ではもともと盛んな養蚕がさらに活発になり、桑の値段も急上昇している。たとえば、文久二年の初めは一駄《だ》(四〇貫または三六貫。一五〇キログラムまたは一三五キログラム)一分二朱だったものが、のちには一両以上になったという。それどころか、元治元年には一駄二両、慶応三年には一駄三両にも上昇し、繭《まゆ》・生糸の生産コストもまた高くなっていった(『尾崎日記』)。

図4-8　八王子・史跡「絹の道」

生糸輸出激増の歪み

糸価の急上昇により養蚕や製糸が非常に有利な産業となった結果、農業や山稼ぎなどをほったらかして養蚕に励み、それまで養蚕をしなかったような地方でもにわかに始めた、と幕府勘定方役人が指摘している。養蚕・製糸の技術も開港後に急速に普及し、その急発展を支えた。儲かるものを見つけてそれに飛びつく、まさに社会の経済化の深まりを象徴する。

しかし、農業や山稼ぎなどを疎かにして養蚕や製糸に特化してゆくと、さまざまな問題を引き起こす。国内要因ではなく、外国の需要や産業界の動向による繭や生糸の価格変動にさらされ、さらに自然要因などによる養蚕の不調が農家経済や地域経済に厳しい打撃を与えることになった。それは、農家と地域の不安定化をもたらした。

急激な生糸輸出の増大は生糸の不足と価格高騰を引き起こし、国内の絹織物産業に大打撃を与えた。安政六年一一月、上野桐生《きりゅう》(現、群馬県桐生市)領民が生糸貿易禁止を求めて大老・老中へ駕籠訴し、年末に京都西陣《にしじん》で織屋の休業があいつぎ暴動すらおこった。万延元年(一八六〇)一一月には、武蔵多摩・入間《いるま》・比企《ひき》郡(現、埼玉県・東京都)、相模高座《こうざ》郡・津久井《つくい》県(現、神奈川県)の縞買《しまかい》(縞織物商)商人が、生糸の払底と高騰により織屋が休業したため商売にならないと窮状を訴え、生糸輸出の禁止を幕府へ嘆願した。この事態は、開港が生み出した負の面であった。

綿布と綿糸の輸入

低価格で良質な綿布の輸入は、綿花の輸出も加わって国内の綿織物業に大打撃を与え、また、良質で安価な綿糸の輸入は国内の綿花と綿糸産業を直撃した。それでも、綿織物業は後にその輸入綿糸を用いて立ち直り、輸入綿布に対抗していった。欧米の生糸需要に対しては急速に養蚕・製糸業を発展させ、低価格の綿布輸入に対しては良質で安価な輸入綿糸を使って綿織物産業を立て直す、このように外国貿易に対応できた民衆の力量こそが、幕末日本経済の発展段階の高さを示すものだった。そして、それが日本経済の近代への転換を下から支えてゆくことになる。

幕藩領主たちが、尊王攘夷だ横浜鎖港《さこう》だなどと政治の世界で声高に主張し争っていても、民衆はもはや引き返すことなど到底不可能な経済活動の領域に入り込んでいた。欧米列強との関係だけではなく、国内の民衆、国内の経済との関係でも、鎖国へ引き返すことなど非現実的なものとなっていた。

福澤諭吉は、貿易、とくに生糸輸出を原動力として国内経済の好循環をもたらし、日本中の金回りがよくなった、と書いていたが、幕府も、養蚕・生糸生産地帯の甲斐・信濃・奥羽・北関東地域では貧民までが潤い、一時に富を蓄積した者が少なくない、と見ていた。旗本のなかには、近年、繭と生糸が高価になったにもかかわらず年貢が少ない、金回りがよいはずなので冥加金を出せ、と知行地の村へ命じる者もいたほどである。

しかし、開港後の事態は、福澤が言うほどバラ色ではなかった。生糸輸出の急拡大はたしかに生産地に利益をもたらしたものの、絹織物や綿織物産業、綿花・綿糸生産に打撃を与え、海外要因による価格の変動が養蚕農家と製糸業者の経営を不安定化させ、それはとりもなおさず地域社会の不安定化を招いたのである。

諸色高直の原因

福澤は空言だというが、当時の史料には「諸色高直諸人難儀」が満ちあふれているし、物価高騰は事実であった。物価指数をみると、安政元年(一八五四)から三年を一〇〇とすると、万延元年(一八六〇)が一四七と上昇し、慶応元年(一八六五)が二六七、そして慶応二年に四二二と跳ね上がっていることから、山本有造氏は、幕末の物価は万延元年と慶応二年の二段階で急騰したという。

その原因は、山本氏によると、万延元年の幕府の貨幣改鋳と慶応期の諸藩による藩札《はんさつ》の大量発行にあるらしい。安政六年の開港とともに、当時の東アジアで標準的な貿易通貨として流通していたメキシコ・ドル(洋銀《ようぎん》)が大量に流入し、日本の貨幣とともに通用貨幣として流通した。問題は、日本は金と銀の比価が一対五だったのに対し、国際的には一対一五だったので、日本は金との比価で銀の価値が三倍も高かった。その結果、外国商人は銀貨を金貨に換えて国外へ持ち出したため、金が大量に流出した。その対策として幕府は、天保小判の品位と目方《めかた》を三分の一にした万延小判(および万延一分判《いちぶばん》)を鋳造し、金銀比価を国際標準にした。

そして、さらに質を落とした万延二分金《にぶんきん》(および万延二朱金《にしゅきん》)を、五三二一〇万両も発行した。本来の目的は国際的金銀比価への平準化だったが、幕府はこの万延二分金などの大量鋳造により、文久元年(一八六一)に一四三万両、同三年に二六〇万両、元治元年(一八六四)に三一二万両(二五〇万両説もあり)、慶応二年に一五七万両という巨額の改鋳益金を手にした。その結果が、万延元年からの第一段階の物価高騰だった。

それに加えて諸藩が、海防や軍備強化のための武器購入、藩主の上洛や幕長戦争などの戦費を賄うため大量の藩札を発行した。その額は、天保一三年(一八四二)に一四五万両だったものが、明治初年には九〇〇〇万両にものぼったという。藩札の大量発行が通貨インフレをもたらし、慶応期の第二段階の激しい物価高騰を引き起こしたのである。幕末の幕府と諸藩の激しい政治と軍事の闘争が、物価高騰を招いたのである。

物価高騰　福澤は、物価の騰貴ではなく貨幣価値の下落なので、物価は上がっても米価も賃金も上がったのだから誰も困っていない、と言っていた。

武蔵多摩郡八王子周辺では、慶応元年五月ころの日用賃《ひようちん》が一月に二朱くらい(一〇か月だと一両一分に相当)だった。以前は上日用《じょう》で一日二〇〇文、下日用《げ》は一五〇文くらい、一〇か月で二分くらいが相場だったので高くなったという。また、一年季の奉公人の給金は一二両というので、日用などの雇用賃金は、たしかに二、三倍に上昇している。

米価の推移を八王子町の例で示しておこう。八王子町とその周辺地域は畑が多く米の生産量

表4-1　八王子周辺の米価の変動(1年間に1両で買える玄米(■)と白米(○)の上下限)

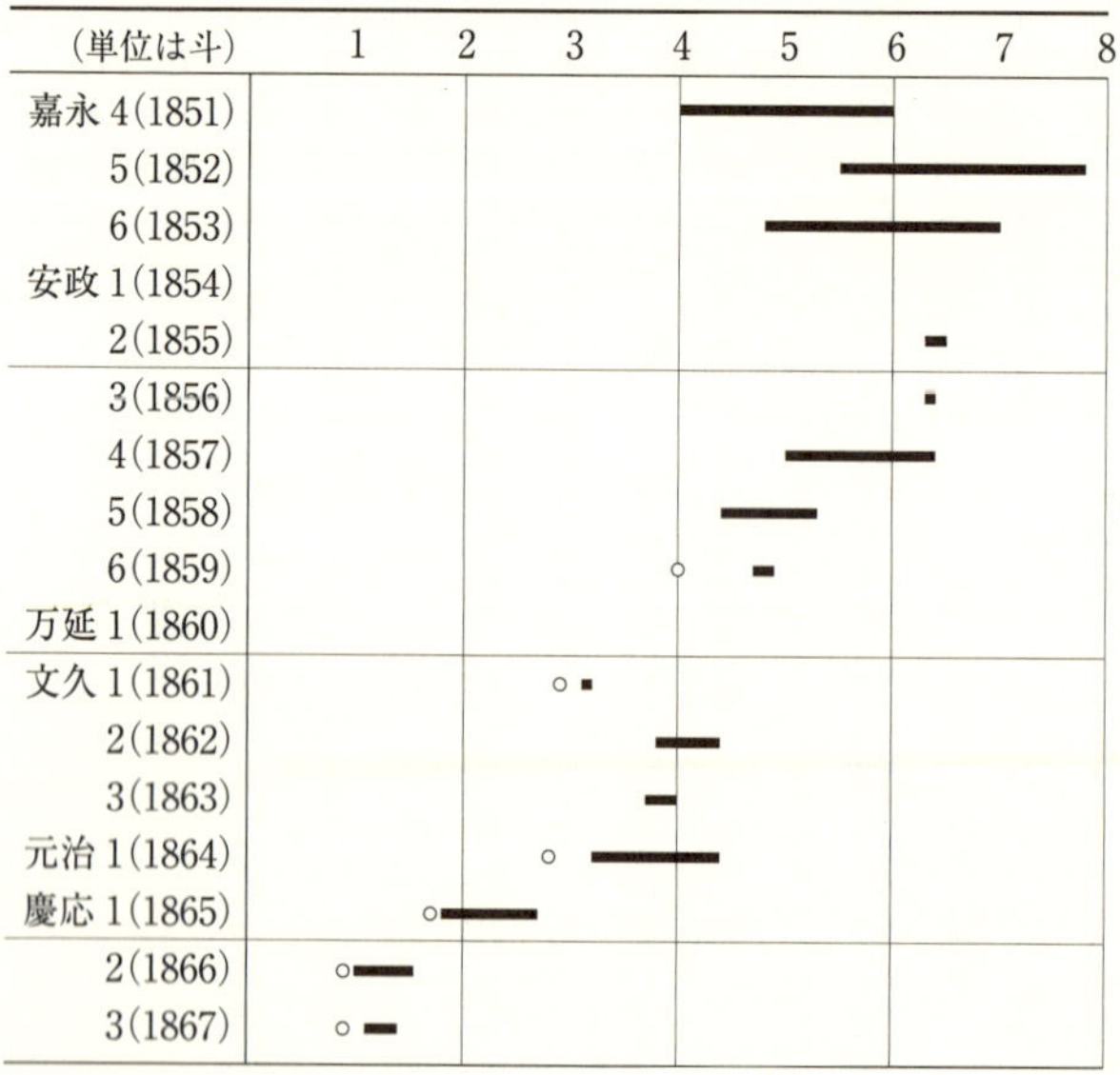

が乏しいため、日常的に米を購入して暮らすいわゆる買喰《かいぐい》層が大半だった。米価は豊凶と季節により変動するので、一両で買うことができる玄米の一年間の上限と下限を掲げた(表4－1)。開港以前の嘉永四年(一八五一)は四斗から六斗、嘉永五年は五斗五升から七斗八升、嘉永六年は四斗八升から七斗、安政二年(一八五五)は六斗三升から六斗五升、安政三年は六斗三升から六斗四升、安政四年は五斗から六斗四升、安政五年は四斗四升から五斗三升という推移をたどったが、開港後の安政六年は玄米が四斗七升から四斗九升、

白米が四斗、文久元年(一八六一)は玄米が三斗一升から三斗二升、白米が二斗八升八合、文久二年は玄米が三斗八升から四斗四升、文久三年は三斗七升から四斗、元治元年(一八六四)は玄米が三斗二升から四斗四升、白米が二斗八升(九月)、慶応元年(一八六五)は玄米が一斗八升から二斗七升、白米が一斗七升(九月)、慶応二年は玄米が一斗から一斗五升四合、白米が九升(九月と一一月)、慶応三年は玄米が一斗一升から一斗四升、白米が八升五合(三月)から九升五合(七月)に跳ね上がっている。たしかに、万延元年・文久元年と慶応元年・二年頃が米価高騰の画期になっている(『尾崎日記』)。

この日記(『尾崎日記』)の筆者は、天保五年(一八三四)は天保の大飢饉で難儀したが、現在(慶応元年)の方がその時より穀物の値段は高いものの、生産物を売った金が手元にあり、銭を稼ぐこともできるので別に何とも思わず米を買っている、という。また、飢饉の時はところ(野老)やかずら(葛)を掘って食料にしたり、乞食や非人がたくさん行き倒れになっていたが、今年はそのようなことはない、ともいう。つまり、米穀などの値段は天保の大飢饉の時より高いが、生糸などが高く売れ、日用でたくさんの賃金を稼ぐことができるので、生活できないことはない状況らしい。福澤の指摘は、この生糸生産地域では大筋で的確らしい。しかし、米を売る農家や年貢米を売る領主たちには願ってもない米価だが、生糸輸出に直接には関係のない生産や生業に携わる人びと、とくに買喰層にとっては厳しい米価であった。

諸人難儀と救済

また、生糸生産地帯でも、住民が均《ひと》しく金回りがよくなったわけではない。米価の異常なほどの高騰は、村や町にただならぬ不穏な空気を生んだ。熱狂的な生糸ブームが一段落ついた慶応二、三年は、外国の需要に左右されて糸価が変動したうえに養蚕の不振も加わって、それまで好景気に沸いていた個別農家と地域経済に打撃を与えた。それが、慶応二年(一八六六)の陸奥信達《しんだつ》(現、福島県)一揆、武州一揆のような養蚕・生糸業地帯での大規模な一揆・打ちこわしとして激発した。

一揆や打ちこわしがおこらなかったところでも、あまりの米価高騰に買喰層が悲鳴をあげ、村や地域へ救済を要求しはじめた。八王子周辺では、文久元年三月に小津《おづ》という山間村落で、米価が高騰し食えなくなった村民が村へ無心して助成をうけ、四月には同じく山間部の上恩方村でも富裕層から二四両もの施しがあった。生糸輸出で沸いた鑓水《やりみず》村では、慶応二年に富裕層が米二〇俵と金一〇五両を窮民救済に拠出した。村の豪農や余裕のある村民は、もしも金や米を出して困窮した村人を救済しなければ、「人気不穏《じんきふおん》」といわれた状況のもとでは打ちこわしなどの騒動を覚悟しなければならなかった。

鑓水村には、開港後の生糸貿易により多額の利益を蓄積した村民がいた。その一方で、慶応二年には、米価高騰で生活が立ち行かなくなる村民も続出した。利益を上げた村民が米や金を提供して生活できなくなった村民を救済することによって、騒動を未然に防ぎ事なきを得たのである。村役人でもある生糸貿易で利益をあげた富裕層は、上は幕府や知行主から国恩冥加金献金、将軍御進発献金、農兵献金、旗本らの各種御用金などあい次ぐ負担を押し付けられ、下は物価高騰で生活できなくなった村民から救済を強く要求され、騒動を防ぐため多額の負担をした。幕藩領主の政治・軍事闘争資金の一部を負担させられたうえ、幕藩領主が戦費などを賄うためおこなった貨幣改鋳や藩札の濫発が引き起こした、物価高騰による窮民の救済も負担させられたのは、それらの階層の人びとだった。いわば幕藩領主の政治のツケを廻されたのである。上下から負担を要求された村役人層や上層農民たちは、政治と経済の現実に何を思ったのであろうか。

幕府の貿易政策

安政五か国条約で貿易は自由貿易と規定され、管理貿易は否定された。しかし幕府は、貿易を商人の自由に任せようとしていたわけではなかった。

幕府は、外圧へ対処するために増大する支出を賄う財源を、国産品の流通を統制しそこからの利益に求めようとした。江戸に諸国産物会所を設け、幕領・私領の区別なく全国の産物を集荷し、その売買に課税する方式がその一つだった。国内の商品流通を握る仕組みをつくり、そこから取り立てる税を幕府財政に組み込もうとする構想で、さまざまな類似の仕組みが提案され、幕府の国産統制策の模索が続いた。

先述(一三八頁)のように、安政三年八月、老中阿部正弘は「貿易の利益により富国強兵をはかる」と貿易政策へ転換した。そこでは、貿易の利益をどのように幕府に取り込むのかが論議された。その頃、海防掛の目付岩瀬忠震らは、江戸・大坂・兵庫・下関・長崎などの主要な港に通船《つうせん》会所兼産物《さんぶつ》会所を設け、港に出入りする商船から取引高の二パーセントの税を徴収して国家財政の根本とする、と方針を決めたうえで外国貿易をおこなうべきだと主張した。さらに、桐生・足利・八王子などの生糸・絹織物産地にも会所を設置し、流通を統制するとともに課税して軍備強化の費用にあてるべきだとも主張していた。これは、外国貿易を前提に、幕府による全国的な流通統制とそこからの税収を幕府財政に取り込むことを目論んだのである。貿易から幕府の利益をいかに引き出すのかが、海防掛目付らの関心事だった。

阿部のあとを担当した老中堀田正睦は、安政四年頃、貿易の利権を商人に握られないため、幕府による官営貿易か長崎と同じ会所貿易を念頭においていた。つまり、幕府が貿易の利権を握ることを構想していたのである。また守屋嘉美氏によると、安政三年には自由貿易と幕府による貿易利益の独占ではなく諸大名との共栄を主張していた岩瀬忠震も、安政四年に外国側の大坂開港要求に反対して江戸に近い港の開港を主張し、その理由を横浜―江戸のラインで「天下の利権」を幕府が握るためだと説明したという。

開港し貿易が始まると、急激な物価高騰と尊王攘夷派による外国人殺傷事件の多発という事態をうけて、安政五か国条約で決められていた江戸・大坂の開市(文久元年一二月と翌年一一月)、新潟・兵庫の開港(安政六年一二月と文久二年一二月)の延期を、その態勢が整っていないことを理由に欧米に要請した。その交渉のため外国奉行の竹内保徳《やすのり》を正使とした使節団(竹内使節団)をヨーロッパへ派遣し、文久二年五月にイギリスと「ロンドン覚書」を結んで、開市開港の五年延期を実現した。その代償として、大名の貿易直接取引を認めた。

さまざまな流通統制案

急激な貿易の拡大と物価騰貴に直面した幕府は、自由貿易を抑制するためにさまざまな流通統制策を打ち出すとともに、そこから利益を吸い上げようと試みた。

万延元年閏三月、幕府は、雑穀・水油・蠟・呉服・生糸の五品を横浜へ直送することを禁止し、江戸問屋へ回送したうえで貿易に廻すよう命じた(五品江戸廻し令)。これは、生産地から江戸問屋を通さずに物資が横浜へ運ばれたため、江戸への商品流入量が減少し物価が上昇したことと、江戸問屋を中核とするそれまでの流通機構が破綻し始めた事態への対応策だった。しかし、生糸商人や自由貿易を主張する欧米外交団の抗議などにより、とくに生糸については守られなかった。

すこし先になるが、文久三年(一八六三)九月、幕府は鎖国攘夷を主張する朝廷を宥めるため横浜鎖港方針を出したが、これも貿易抑制策だった。同時に五品江戸廻し令を再び出し、欧米外交団の強い抗議にもかかわらず、生糸貿易が一時停止する事態になった。しかし、元治元年年(一八六四)八月の英米仏蘭四国艦隊下関砲撃事件(下関戦争)により、自由貿易を妨害する勢力へは武力行使も辞さないという欧米列強の強烈な意思が示されたため、幕府は江戸回送生糸の問屋買取制度をやめ、五品江戸廻し令は事実上撤廃された。

これ以外にも幕府は、さまざまな流通の統制策を打ち出したことを、森田武氏が指摘した。万延元年には、産物局を設けて幕領・私領の産物を調査し、幕府の船で商品を運送する直接流通統制策が出された。これは、輸出による物資の海外流出を抑制しようとした案である。同年四月には、大目付・町奉行・勘定奉行を構成員とする国益主法掛《こくえきしゅほうかかり》を設け、全国の産物を江戸と大坂に設置する国益会所《こくえき》に集荷して、その販売に課税する仕組みを構想した。そのうえ生糸の流通を独占し貿易利潤をひとり占めしようと目論んだが、二年後の文久二年七月に廃止された。文久三年には、糸座を設置して流通を統制することにより輸出を抑制し、国内消費用生糸を確保しようとした。さらに慶応元年には諸色会所《しょしき》、慶応三年には国産改所《こくさんあらためしょ》の設立案なども出されている。

慶応二年五月には、幕領中心に生糸・蚕種改所を各地に設け、輸出用のみならず国内用も含め売買されるすべての生糸と蚕種を対象に、改所で改印《あらためいん》を捺すことを義務づけた。改所では、国内用生糸は一貫目につき生糸一五匁、輸出用は一貫目につき生糸三〇匁の運上(税)を課し、生糸の時価相場により代金で徴収する仕組みだった。改所は実際に設置され、改印による課税が実行されたが、国内用生糸の免除要求や、改所の実務を担った豪農層が武州一揆で打ちこわされるなどの事件もあり、幕府にとってどのような成果があったのかはよくわからない。

幕府による全国的な産物の流通統制と利益追求、さらに貿易の統制と抑制策は、貿易に関わる商人や生産者、自由貿易を要求する欧米外交団と対立しただけではなく、開港をきっかけに貿易への参入により利益を獲得しようとしていた諸藩の利害とも激しく衝突した。幕府と諸藩との対立・競合は、政治の世界だけではなく、流通や貿易の世界でも激しさを増していたのである。

第五章　幕末政争から維新へ

1 公武合体運動の激化

強権政治の挫折

安政五年(一八五八)四月に大老に就任した井伊直弼は、六月に日米修好通商条約に調印し、ついで将軍継嗣を徳川慶福に決定した。激しい批判や抗議がまき起こったが、井伊は強権政治により反対派の弾圧を開始した。

通商条約調印を知った徳川斉昭・水戸藩主徳川慶篤《よしあつ》・尾張藩主徳川慶恕《よしくみ》(慶勝《よしかつ》)、そして一橋慶喜と越前藩主松平慶永も江戸城に急遽登城し、井伊の無勅許調印を非難した。井伊は彼らの行動を咎め、斉昭に謹慎、慶恕・慶永に隠居、慶篤・慶喜に登城停止を命じた。

幕府の条約調印を「厳重に申せば違勅《いちょく》、実意にて申せば不信の至り」と激怒した孝明天皇は(図5-1)、安政五年八月、水戸藩などの工作もあって勅書(干支が戊午《つちのえうま》だったので「戊午《ぼご》の密勅」とよばれる)を幕府と水戸藩へ下した。通商条約の無勅許調印は軽率と非難したうえで、現在の難局について大老以下全大名が群議を尽くし、国内の平和と公武合体が永続するよう徳川家を助け、外国から侮りを受けないようにせよ、という内容だった。水戸藩には三家・三卿・家門《かもん》大名（越前松平家・会津松平家など）への伝達を命じ、摂家《せっけ》（近衛家以下最上級の公家五家）らにも姻戚関係のある大名家（一三家）へ勅書の写しを送らせた。天皇が直接に大名へ命令を下すことは前代未聞であり、幕府への政務委任という江戸時代の大原則から逸脱した行為だった。天皇・朝廷と大名・藩が政治的に直接につながった最初の事例で、天皇が将軍・幕府の頭越しに命令を下し、それに応えて諸大名が行動するさきがけとなった。

ことここに至ってはという所であろうか、井伊直弼は、反対勢力を一掃し天皇から通商条約の承認を獲得するため、強硬手段に打って出た。安政五年九月から翌年にかけて、一橋派の大名・幕臣、密勅に関係した水戸藩関係者と公家、その他大名家臣や浪士を大量処罰した。これが、安政の大獄とよばれる大弾圧である。一橋派で初代外国奉行岩瀬忠震らは左遷・罷免、土佐藩主山内豊信《やまうちとよしげ》（容堂《ようどう》）、伊予宇和島《いようわじま》藩主伊達宗城《むねなり》らは隠居謹慎を命じられ、公家の左大臣近衛忠熙《ただひろ》、右大臣鷹司輔《すけ》熙《ひろ》、前関白鷹司政通、前内大臣三条実万《さねつむ》は辞官落飾《じかんらくしょく》（辞職して出家すること）などに追い込まれた。水戸藩関係では、斉昭が国許永蟄居《くにもとえいちっきょ》、藩主慶篤が差控《さしひかえ》、藩士安島帯刀《あじまたてわき》は切腹、同鵜

図 5-1　孝明天皇像（宮内庁所蔵）

飼吉左衛門・幸吉父子らは死罪、一橋慶喜が隠居謹慎の処分をうけ、さらに松平慶永の腹心橋本左内《さない》、長州藩士吉田松陰らが処刑され、小浜藩浪人の梅田雲浜《うんぴん》は獄死した。処分者は、総計で一〇〇名を越えた。

井伊は、安政五年九月、老中間部詮勝《まなべあきかつ》を上京させ、公家らへの厳罰をちらつかせて天皇に圧力をかけ条約調印の承認を迫った。間部は、開港・貿易を好む幕府重職はひとりもいないが、拒絶すれば戦争になるのでやむなく条約を結んだまでで、軍事力さえ整えば鎖国へ引き戻すのでしばらく猶予して欲しい、と説得した。天皇は一二月、幕府がいずれ「鎖国の良法」へ引き戻すと約束したので安心した、やむを得ない事情は理解でき、条約調印についての疑惑は「氷解」したので鎖国復帰は当分猶予する、と回答した。天皇は、一歩後退せざるを得なかった。

井伊は、天皇に要請して「戊午の密勅」の返納を命じる沙汰書を出させ、水戸藩に返納を迫った。徳川斉昭以下の処分に憤激し、「戊午の密勅」返納の拒絶を主張した水戸藩士らは、安政七年三月三日、井伊直弼を江戸城桜田門外で暗殺した(桜田門外の変)。井伊の強権的な政治手法は挫折し、幕府の専権政治は再び転換を余儀なくされた。

公武合体策

安政六年六月、横浜・長崎・箱館の三港が開港されて自由貿易が始まり、日本は資本主義的世界市場に組み込まれた。安政七年(三月に改元し、万延元年)正月、日米修好通商条約批准のため使節がアメリカへ派遣され、咸臨丸も太平洋をわたった(図5－2)。欧米諸国との条約締結、領事や公使ら外交官と外国商人らの来日があいつぎ、日本は着々としかも急速に国際社会に仲間入りし、鎖国から開国への大転換は事実として進んだ。だが、貿易の急激な拡大はさまざまかつ深刻な問題を引き起こしつつあった。このような新たな事態に対応し、対外的独立を実現できる国家体制づくりが要請された。まず通商条約をめぐって国論が二分し、朝廷と幕府が対立している現状の解決、すなわち公武合体が急がれた。

図 5-2　「咸臨丸難航図」(横浜開港資料館所蔵)　咸臨丸の乗船員，鈴藤勇次郎の筆

　井伊直弼横死のあと幕政を担当した老中安藤信正《のぶまさ》と久《く》世《ぜ》広周《ひろちか》は、公武合体を象徴するものとして、孝明天皇の妹和宮《かずのみや》と将軍家茂《いえもち》の縁組み、すなわち和宮降嫁《こうか》を画策した。幕府は、七、八ないし一〇か年のうちに鎖国に引き戻すと再び約束して孝明天皇を説得し、万延元年(一八六〇)八月、天皇もこれを受け入れた。「公武合体して鎖国に戻る」が朝廷と幕府の当面の合い言葉になった。和

宮は文久元年(一八六一)一〇月に京都を発ち、警備も含めると約一万人におよぶ大行列で江戸へ下り、翌年二月に将軍家茂との婚儀が挙行された。

長州・薩摩両藩の周旋運動

こうした状況のなかで有力大名のなかから、対立する朝幕の間を周旋するとともに、幕政の改革により強力な中央政府を作り出そうとする動きが登場した。それは、徳川将軍を頂点とし譜代大名と幕臣のみが政権を担い運営する幕府専権政治を改革し、公武合体のもとで有力大名が政治参加する中央政府としての幕府へ転換させようとする目論見だった。公武合体のもとで徳川将軍家と雄藩《ゆうはん》が連合する政府への転換か、徳川将軍家の幕府の維持かをめぐる政治闘争が始まった。まず長州藩が、ついでそれに対抗し覇を競うように薩摩藩が乗りだした。

長州藩は、藩士の長井雅楽《ながいうた》が献策した開国策により公武合体をはかる「航海遠略策《こうかいえんりゃくさく》」を藩論として動き出した。文久元年五月、長井がこれを朝廷へ提出したところ、海軍を充実させ海外へ雄飛して交易をおこなえば、海外諸国をひれ伏させることもできる(「皇威を海外にふるう」)という主旨に天皇は大いに喜び、開国策にもかかわらず賛同した。さらに八月、長井は江戸で老中安藤信正らと会見すると、開国の現状を認め、公武合体を推進するという願ってもない内容だったので、老中は長州藩主に朝幕間の周旋を依頼するほどだった。しかし長州藩内では、現行の通商条約と開国を容認する藩論への反対が強まって破約攘夷論が席巻し、文久二年七月、藩論を破約攘夷へと転回させた。

老中安藤信正は和宮降嫁により公武合体の姿を演出したが、幕府強化のために天皇の権威を政治利用したと非難され、文久二年正月、水戸藩浪士ら攘夷派に江戸城坂下《さかした》門外で襲われ負傷した（坂下門外の変）。土佐藩では、公武合体派の吉田東洋《よしだとうよう》が破約攘夷を唱える武市瑞山《たけちずいざん》派により暗殺され、薩摩藩では、有馬新七《ありましんしち》ら攘夷派が京都所司代襲撃などを計画し、京都に集結する動きを見せた。天皇の意思である鎖国攘夷の実現をめざし、脱藩浪士や草莽とよばれる豪農・豪商や神職出身者らも、京都で活発な政治活動を始めた。

坂下門外の変と尊王攘夷派の台頭という情勢をにらんで、薩摩藩の島津久光《しまづひさみつ》（藩主茂久《もちひさ》〈忠義《ただよし》〉の父で前藩主斉彬《なりあきら》の弟）が、藩兵一〇〇〇人を率いて文久二年四月に上洛した。朝廷へ幕政改革と過激派浪士の取締りを説き、浪士鎮撫《ちんぶ》の内勅を得た久光は、破約攘夷派の藩士有馬新七らを斬殺した（寺田屋《てらだや》騒動）。さらに久光は六月、幕政改革を要求する勅使大原重徳《しげとみ》に随行して江戸へ下った。幕政改革案の柱は、将軍上洛、薩摩藩など五大藩主の五大老就任、一橋慶喜の将軍後見職・松平慶永の大老就任の三つだった。

坂下門外の変以後の幕府は、安政の大獄で処分した一橋慶喜らの謹慎処分を解き、老中を交代させ、さらに近衛忠熙らの復飾《ふくしょく》(出家から俗人に戻ること)を朝廷に要請するなど、井伊直弼の強権政治の後始末をしていた。勅使大原重徳と久光が到着するより前の文久二年五月、将軍家茂は文久の幕政改革を表明した。

文久の幕政改革

文久二年七月、幕府は、勅使から伝えられた天皇の指示にそって、一橋慶喜を将軍後見職、松平慶永を政事総裁職(大老格)に任命した。八月、慶喜・慶永と老中が連署し、今後はひたすら天皇の命令や指示を奉《ほう》じて政治をおこなう旨を朝廷に書きおくった。文久の幕政改革は朝廷の幕政干渉による改革であり、江戸時代の朝幕関係はまったく逆転した。

改革はそれにとどまらなかった。幕府は、文久二年閏八月、京都所司代の上に新設した京都守護職《しゅごしょく》に会津藩主松平容保《かたもり》を任命し、会津藩の兵一〇〇〇人によって朝廷警固を強化するとともに、諸大名や浪士らの動きに睨みを利かせようとした。同月、軍備充実のためを理由に参勤交代を三年に一回へ緩和し、それまで江戸在住を義務づけていた大名妻子の帰国も許可した。この措置により、将軍が大名を統制する根幹であった参勤交代制度が形骸化し、幕府による大名統制は弱体化していった。さらに、水戸藩へは「戊午の密勅」を承認した。それは、大名が天皇から命令をうけるのを認めることを意味する。「政令二途《せいれいにと》より出る」事態、つまり政治的な命令・指示が、朝廷と幕府の両方から出る事態となったのである。また九月には、前尾張藩主徳川慶恕(慶勝)のほか外様大名の前土佐藩主山内豊信に幕政参与を命じた。

西洋式陸軍の創設

文久二年六月に、幕府直属常備軍の軍制改革が打ち出された。閏八月、海軍について、艦船四三隻・乗組員四九〇四人からなる江戸・大坂両湾警備艦隊計画、将来構想として艦船三七〇隻・乗組員六万一二〇五人の艦隊計画が出された。しかし、あくまでも計画であり、実現不可能であった。

陸軍奉行と歩兵奉行を設け、歩兵・騎兵・砲兵の三兵からなる西洋式陸軍を創設し、外圧と諸大名に対抗する幕府独自の軍事力強化をめざした。江戸時代の軍隊は、たとえば旗本は、幕府が軍役令(後述、二〇六頁)で定めた数の従者《じゅうしゃ》と武器をもって出陣する仕組みだったが、西洋式陸軍は士官と兵卒で構成された。士官には講武所で学んだ旗本や御家人らがなったが、問題は兵卒で、主力の歩兵には旗本兵賦があてられた。それは、旗本の知行高五〇〇石につき一人、一〇〇〇石につき三人、三〇〇〇石につき一〇人の割合で知行所から農民を徴発させるもので、のちには関東の幕領農村へも一〇〇〇石につき一人の兵賦(幕領兵賦)が課された。知行地を持たない蔵米取りの旗本は、その分を金納した。代金納を願い出る旗本もいたが、幕府は兵卒を確保するため知行高一〇〇〇石以上は「正人《しょうにん》」、つまり人を出すように命じた。

江戸時代の百姓は人足役として陣夫《じんぷ》を課されたが、武器を持たず物資の輸送を担う非戦闘員だった。兵賦を割り当てられた農民がなる幕府歩兵は、銃を担いだ戦闘員だった。歩兵の間、身分は百姓のまま武家奉公人の扱いとなり、歩兵屯所《とんしょ》へ集められた。歩兵の給料は知行主の旗本から一〇両を支給されたが、村は、クジ引きなどにより兵賦を割り振られた村民に、一〇両以上の割増手当を渡して送り出さざるを得なかった。そのため、負担の軽減と代金納要求があいつぎ、村民を出す替わりに人宿《ひとやど》(武家奉公人を斡旋する業者)に頼んで代人《だいにん》(代理人)を出すこともおこなわれた。幕府はこのようにして兵卒を集め、洋式銃を装備した西洋式歩兵隊を創設したのである。

幕府歩兵隊は、元治元年(一八六四)、水戸藩の過激攘夷派が筑波山《つくば》(現、茨城県中西部)に挙兵した天狗党の鎮圧に初めて実戦出動し、以後幕長戦争などへ出陣する。また装備も、ゲベール銃から射程と命中精度の優れたライフル銃であるミニエー銃など最新式のものへ転換してゆく(後述、一九八頁)。

2　政局を席巻する尊王攘夷運動

藩論を破約攘夷へ転換した長州藩の工作と資金・軍事両面の支援により、朝廷では次第に尊王攘夷派勢力が台頭して主導権を握り、幕府へ攘夷戦争の実行を迫る動きを強めた。尊王攘夷派の浪士たちは、公家に接触して尊王攘夷を吹き込みけしかけた。朝廷は島津久光や毛利《もうり》定広《さだひろ》（長州藩主毛利敬親《たかちか》の世子、元徳《もとのり》）らに「浪士鎮静」を求め、先述（一七五頁）の寺田屋騒動などもおこった。

奉勅攘夷と幕府

当時の孝明天皇は、公武合体して鎖国復帰を実現するという立場にいて、過激な攘夷派とは一線を画し、その「暴発」を恐れていた。しかし、尊王攘夷派は、安政の大獄で処分された公家らの復権をすすめる一方、和宮降嫁に協力した公武合体派の公家などへの圧力を強め、朝廷からの排除を進めた。幕府に協力した関白九条尚忠《くじょうひさただ》は辞職して処罰をうけ、和宮降嫁を推進した岩倉具視《いわくらともみ》や女官今城《いまき》重子ら「四奸《かん》二嬪《ひん》」とよばれた公家らは蟄居・落飾を命じられ、生命すら危うい状態に追い込まれた。また、公武合体派公家の信頼を得ていた京都所司代の酒井忠義《ただあき》は更迭された。攻撃は口頭や文書に止まらずテロも頻発し、九条家の家司《けいし》島田左近は暗殺され、四条河原に首をさらされた。

朝幕間の合意は「一〇年以内に鎖国復帰」だったが、朝廷は尊攘派の主導で幕府に破約攘夷を督促する勅使の派遣を決めた。尊攘激派の勅使三条実美《さねとみ》は土佐藩兵などに警護され、文久二年(一八六二)一一月、江戸で将軍家茂に破約攘夷を命じる勅書を渡した。外国奉行ら外交担当者たちは破約攘夷に強硬に反対したが、家茂はこの勅書を受け入れ、攘夷の戦略を来年早々に上洛して申し上げると回答した。攘夷の勅命を奉じて破約攘夷を実行する奉勅攘夷《ほうちょくじょうい》の始まりであり、寛永一一年(一六三四)に上洛した将軍家光以来、実に二三〇年ぶりの将軍上洛(当時、「御進発」と表現した)も決まった。

幕府は、開国・貿易を推進すれば欧米列強と折合いはつくが天皇の意思に反し、鎖国復帰の天皇の意思に従えば欧米列強と折合いがつかない、という板挟みにおちいり、この時点では天皇の意思に従うことを選択した。国内政治を優先すれば欧米列強との関係が悪化し、欧米列強との関係を優先すれば国内の政治的対立が激化するジレンマである。

尊攘派の朝廷占拠

文久二年には、君臣の名分を正す、すなわち天皇が君主で将軍は臣下、という天皇と将軍の君臣関係を明確にすることが謳われ、その名分に相応しくないそれまでの将軍・幕府上位の儀礼や慣行の変更があいついだ。三条実美らの勅使が江戸城に登城したさい、将軍家茂は丁重にみずから本丸御殿の玄関まで出迎えて大広間へ案内し、家茂は大広間中段に座り勅使は上段に座った。座る位置が以前と逆になり、天皇と将軍の上下関係が江戸城内でも明確に示された。幕府と朝廷の間の連絡調整役である武家伝奏は、就任にあたり幕府へ起請文《きしょうもん》(誓約書)を提出していたが、それでは幕府に言いたいことが言えないという理由で九月に廃止された。一二月、それまで関白と武家伝奏の人事は幕府の事前承認を必要としたが、朝廷が決定し幕府へ報告する方式へ改めた。江戸時代の朝幕関係は、儀礼や慣行の面で明確に天皇・朝廷上位へ変貌し、天皇・朝廷の権威は名実ともにピークに達しようとしていた。

文久二年五月、朝廷は政局の複雑化に対応するため国事御用書記掛、さらに、尊王攘夷運動が強まると、国政全般、とくに攘夷実行の具体策を審議するため、同年一二月に国事御用掛を設けた。御用掛には、公武合体派で孝明天皇の信任厚い青蓮院宮《しょうれんいんのみや》(尊融法親王《そんゆうほっしんのう》・中川宮《なかがわのみや》・朝彦《あさひこ》親王とも)と摂家などの上級公家、そして過激攘夷派の三条実美、姉小路公知《あねがこうじきんさと》ら二九名が任命された。尊攘派は、勢力を拡大するためあの手この手の嫌がらせや圧迫を加え、翌文久三年二月には、長州藩の久坂玄瑞《くさかげんずい》が関白邸に乗り込み、同日に、尊攘派の公家も集団で押しかけるなどした。その結果、二月に国事御用掛に国事参政《さんせい》、国事寄人《よりうど》という職が設けられ、尊攘派の中下級公家が任命された。さらに、草莽層が朝廷の学習院(弘化四年〈一八四七〉設置。公家子弟を教育する学問所)へ建白書を提出することを公認され、そのうえ学習院出仕《しゅっし》という形での登用すらおこなわれた。

関白と武家伝奏・議奏というそれまでの朝政機構では対処できなくなり、国事審議機関として設けた国事御用掛を尊攘派に乗っ取られ、朝廷は尊攘派に占拠されてしまった。その結果、朝廷では孝明天皇の意思が通りにくくなっていた。文久三年五月ころの天皇の手紙では、天皇の意見はまったく通らず、ただただ「ふんふん」とうなずくしかないと嘆く。天皇の意思とは無関係に、しかし天皇の意思として朝廷から過激な勅命が出されていく。天皇と朝廷の権威は頂点にまで上がったが、「下より出る叡慮《えいりょ》(天皇の考え)のみ」の事態となり、生身《なまみ》の孝明天皇の権威は低下してしまった。

奉勅攘夷の決行

将軍家茂が文久三年三月に上洛するのに先だって将軍後見職一橋慶喜らが上京し、朝廷側と事前折衝をおこなった。慶喜は、挙国一致して攘夷するため、将軍と天皇から大名へバラバラに指示や命令が出ている「政令二途より出る」現状の解決を求めた。「政令二途」とは具体的には、文久二年一〇月、薩摩藩など一四藩へ破約攘夷のため「報国尽忠《ほうこくじんちゅう》」を命じた内勅《ないちょく》や、文久三年一月、京都に来ていた長州藩主ら二一名の大名を禁裏御所に集め、攘夷の決行を命じたことなどをさす。

慶喜は、大名への指揮・命令を幕府に一元化するため、大政委任の再確認を求めた。しかし朝廷は、「征夷将軍」のこと(軍事を指す)は従来通り委任するので、攘夷をしっかりやるようにとだけ回答し、大政委任を認めなかった。のちに参内した将軍家茂へも、攘夷の件は委任するが、国事については案件により天皇から直接に大名へ命じるとの勅書が下され、大政委任は再確認されなかった。

孝明天皇は、将軍家茂と在京の大名を従え、三月に上下賀茂社、四月に石清水八幡宮へ行幸し攘夷を祈願した。そして四月二〇日、家茂は攘夷の期日を五月一〇日とし、攘夷へ向けた行動が開始された。

五月一〇日、天皇は、たとえ焦土になろうとも開港・交易は認めない、という過激な宸翰《しんかん》(天皇自筆の書翰)を出して決意のほどを示した。長州藩は、一〇日にたまたま関門海峡を通過したアメリカ船、二三日にフランス軍艦、二六日にオランダ軍艦を砲撃した。これに対して六月、アメリカ軍艦ついでフランス軍艦が長州藩の砲台へ報復攻撃した。奉勅攘夷戦争は開始されたはずだが、長州藩を除くと幕府も他大名も外国船への攻撃はおこなわなかった。

攘夷の内実　そもそも天皇自身は、公武合体による鎖国復帰を主張し、「無謀」な攘夷には消極的だった。幕府はイギリスとの間に、文久二年八月に島津久光の行列が起こした生麦《なまむぎ》事件(図5-3)の賠償金四四万ドルの支払い問題を抱えていた。一度は支払いを約束したにもかかわらずそれを中止したため、イギリス代理公使が英艦隊へ戦闘準備を命じて開戦の危機が迫り、横浜や江戸の町はパニック状態になった。外国奉行は戦争回避のため約束の履行

図5-3　生麦事件図（ワーグマン画，福富太郎コレクション資料室所蔵）

を主張し、それをうけて老中格の小笠原長行《ながみち》は、期限ギリギリの文久三年五月九日に賠償金を支払った。奉勅攘夷なのだから賠償金を支払わず戦争するのが筋だが、老中格小笠原は、現場で交渉を担当し条約遵守を主張する外国奉行らの意見を容れたのである。小笠原たちは、国際情勢の現実を無視して鎖国攘夷を主張する朝廷を説得し、開国・貿易を認めさせるため、幕府兵を率いて上京する計画を実行したが、将軍家茂から差し止められ断念した。

生麦事件の張本人である薩摩藩は、攘夷派だから事件を起こしたのではなく、事件は多分に偶発的だった。島津久光は通商条約を容認し、幕政の改革による中央政府機能の強化とそれへの参入をめざし、そのために公武合体の周旋活動をおこなっていたのである。なお、イギリス東洋艦隊七隻は、文久三年七月に鹿児島へ遠征し、生麦事件の犯人引渡しと賠償金を要求した。交渉は不調に終わり、英艦隊は鹿児島市街を砲撃し砲台を破壊した。イギリス側は、旗艦艦長が戦死するなどの損害を蒙ったが、講和が成立して賠償金の支払いと犯人調査を約束させた。薩摩藩は、「攘夷戦争」に敗北したのである(薩英戦争)。

唯一奉勅攘夷を実行した長州藩は、それとほぼ同時に攘夷と正反対の行動に出た。井上聞多《もんた》(のち馨《かおる》)・伊藤俊輔(のち博文《ひろぶみ》)ら五名が、ヨーロッパの政治・社会制度や技術を学ぶため、密航の形でイギリス商船に乗ってロンドン留学へ向かった。尊王攘夷を唱え欧米列強と戦争しようとした長州藩の破約攘夷論とは、何だったのか。

長州藩政を主導した周布《すふ》政之助《まさのすけ》は、いったん攘夷を決行してから欧米諸国と交渉し開国(通商条約を結ぶ)する、という考え方だったという。欧米列強と戦争になる危険性の高い冒険主義的な策だが、単純な鎖国攘夷論ではなく、「開国するために攘夷する」という考え方になる。威圧に屈服して締結させられた現行の通商条約をいったん破棄し、攘夷戦争ののち主体的に条約を結び直そうという主旨である。狂信的な鎖国攘夷論者とは同床異夢だった。

攘夷論の高まりのなか、文久三年五月、対馬藩は「征韓《せいかん》願書」を幕府へ提出した。それは朝鮮蔑視観を前提にした武力による朝鮮進出論であり、幕府はこの願書を受け入れた。朝鮮へも攘夷を膨張させようとした動きである。

朝廷からの尊攘派追放

攘夷が進まないことに業を煮やしたのか、天皇は諸大名へ攘夷を督促し、条約の破棄も命じた。そのなかで、尊攘激派により天皇親征が計画された。朝廷は、天皇が文久三年八月一三日に大和の神武天皇陵と春日社に攘夷祈願のため行幸し、ついで親征の軍議をおこなうと布告した。天皇自ら兵権を握り攘夷戦争を指揮する事態に立ち至ろうとした。これは、王政復古を実現しようとした尊攘激派から出た計画らしい。

孝明天皇は、みずからの真意とかかわりなく天皇の名で過激な勅命が出る現状に、深刻な危機感を抱いた。天皇は、青蓮院宮や公武合体派の公家と連絡をとりながら、三条実美ら「暴論」の公家と長州藩勢力を朝廷から排除する計画を極秘裏に進め、それを島津久光や京都守護職松平容保らに託した。過激な攘夷派に対する天皇の逆襲である。八月一八日、会津・淀・薩摩藩兵が禁裏御所の諸門を固めるなか、大和行幸の中止、「暴論」公家の参内《さんだい》禁止、三条実美らの閉居《へいきょ》、長州藩兵の帰国が発表された。これが、八月一八日政変とよばれる公武合体派による朝廷クーデターである。長州藩兵二六〇〇人は京都を撤退して本国をめざし、三条や東久世《ひがしくぜ》通禧《みちとみ》ら尊攘激派の公家七人はそれに同行し落ち延びた(七卿落《しちきょうお》ち)。

尊王攘夷運動の高揚を下から支え、テロや脅迫などの過激な行為を繰り返していた草莽の浪士たちは、天皇の大和行幸と親征の布告をきっかけに、王政復古を期待して各地で挙兵した。八月一七日、土佐の庄屋の家に生まれた吉村寅太郎《よしむらとらたろう》らの天誅組《てんちゅう》が、公家の中山忠光《ただみつ》を首領として挙兵し、大和五条(現、奈良県五條市)の幕府代官所を襲撃した。また一〇月には、福岡藩足軽の家出身の平野国臣《くにおみ》らが、七卿落ちの公家の一人沢宣嘉《さわのぶよし》を擁して但馬生野《たじまいくの》(現、兵庫県朝来市)の幕府代官所を襲った。

「下より出る叡慮」だったとしても、この間の攘夷にかかわって出された数々の勅命は、孝明天皇の名で出たものだった。政変から八日後の八月二六日、孝明天皇は、八月一八日より前の勅書は真偽のはっきりしないところがあるが、一八日以降は真勅《しんちょく》である、という言い訳めいた勅書を出した。勅書には、真と偽があったのである。「綸言《りんげん》汗の如」き天皇の勅命は絶対のものではなくなり、それはとりもなおさず孝明天皇の権威を著しく失墜させた。欧米の威圧に屈服して開国通商を推し進める幕府に抵抗し、鎖国攘夷を強硬に主張し貫こうとする天皇と朝廷は、欧米列強の圧力と開港後の混乱により対外的独立に危機感を募らせて鎖国攘夷、破約攘夷を主張する、尊攘派勢力の期待と輿望を担って強力な発言権と権威を身につけた。しかしこの政変により攘夷派を切り捨てたことは、天皇・朝廷の力を大きく削ぐことにつながっていく。

3　新たな国家への道

政変により、朝廷から「暴烈」の尊攘激派の公家と長州藩などの勢力を駆逐したが、孝明天皇は「無謀の攘夷」には反対したものの、鎖国復帰への強い思いに変わりはなかった。

政変後の政治状況

そこで、文久三年(一八六三)九月には攘夷を督促する勅使の派遣を決めた。幕府は、天皇と朝廷のご機嫌をとって宥め、それと同時に急拡大する貿易を抑制するため、最大の貿易港横浜の鎖港を提起した。文久三年一二月、外国奉行池田長発《ながおき》を団長とする横浜鎖港交渉使節団をヨーロッパへ派遣したが、最初の訪問国フランスで横浜鎖港はまったく相手にされず、翌年五月に輸入税率の引下げなどをとり決めたパリ約定(のちに幕府が破棄)を結ばされ、交渉は失敗に終わった。しかし横浜はこの間、幕府の強い姿勢により鎖港状態となり、結局は四国艦隊下関砲撃事件(下関戦争)を引き起こす原因の一つとなった。

朝廷では、尊攘派の拠点だった国事参政・寄人を廃止し、公家が草莽・浪士や諸藩士と接触するのを禁止した。将軍後見職一橋慶喜は、横浜鎖港問題をはじめとする当面の政治課題について協議するため、島津久光(薩摩藩)・山内豊信(土佐藩)・伊達宗城(伊予宇和島藩)、そして松平慶永(越前藩)ら有力大名に上京を求めた。

天皇は上京した島津久光に密勅を与え、軍備が不十分なままでの攘夷は「無理な戦争」なので反対である、王政復古ではなく将軍へ政務を委任し公武合体により迅速な攘夷を実現したいと表明した。攘夷の看板を下ろしたわけではないが、過激な攘夷派に支えられて絶大な権力と権威を獲得した天皇が、公武合体派の力に頼り攘夷を緩和してしまった。

参予会議の召集

朝廷は、文久三年一二月、公家とともに国事を審議させるため、一橋慶喜・松平容保・松平慶永・山内豊信・伊達宗城の五人を朝議参予に任命し、少し後に島津久光がこれに加わった。久光らは、有力大名が国事を審議する、すなわち国政に参加する政体づくりに期待して参予会議に加わった。しかし慶喜は、横浜鎖港を強硬に主張して幕府が主導権を握ろうとし、それに反対する久光らと対立した。

久光らの要請もあり、かつ横浜鎖港を天皇に奏上するため、文久四年(二月に改元し元治元年)一月に将軍家茂がふたたび上洛した。天皇は家茂に対して、天皇と将軍は父子のように睦まじい関係にあることが重要だと強調し、「無謀の攘夷は実に朕《ちん》が好む所に非《あら》ず」と無謀な攘夷は望まないと表明した。この勅書は薩摩藩の意向でつくられた文書で、それまでの天皇の主張が大きく後退していたため偽勅の噂すら出たほどだが、天皇は「真実」と言い張った。孝明天皇は、そこまで公武合体派とべったりの関係になっていた。

幕府の主導権を手放そうとしない一橋慶喜と、雄藩大名が参加する政治運営の主張を譲らない島津久光らの対立と確執により、元治元年(一八六四)三月、久光らは辞表を出して朝議参予を辞職した。徳川将軍家の代表者と有力大名、それに公家も加わって国政を審議し決定しようとする参予会議は、公議政体への移行の可能性もあったが三か月足らずで崩壊した。

禁門の変と尊攘派の退潮

ひとくちに幕府といっても、京都を舞台に幕府を代表して朝廷や雄藩大名と対峙した将軍後見職(後に禁裏《きんり》守衛総督《しゅえいそうとく》)一橋慶喜、会津藩の京都守護職松平容保、桑名藩の京都所司代松平定敬《さだあき》と江戸の老中らは、必ずしも政策や方針が一致せず、しばしば対立する有り様だった。横浜鎖港問題は一橋慶喜が中心になって推進したものの、老中と若年寄らは反対するなど幕府の一致した政策とは言えないものだった。元治元年三月、水戸藩尊攘激派が常陸筑波山に挙兵した天狗党の乱への対応をめぐって、幕府内部で対立が生まれた。それは、天狗党が横浜鎖港の実現を掲げたためで、その結果、老中の罷免や政事総裁職の辞任など幕政の混乱した状態が続いた。

政変で京都を逐われた長州藩を中心とした尊攘派の一部は京都に潜伏し、失地回復のため地下活動を強めていた。元治元年六月、中川宮や松平容保などへの暗殺計画があるとして、京都守護職配下の新撰組が、尊攘派が集まっていた京都三条の池田屋に踏み込み、三〇名を斬殺や逮捕した事件もおこった(池田屋事件)。

図5-4　下関戦争において，前田砲台を占拠したイギリス軍(横浜開港資料館所蔵)

公武合体勢力の参予会議の崩壊、横浜鎖港問題をめぐる幕府の混乱、天狗党の乱、そして池田屋事件などの情勢をとらえ、元治元年七月、長州藩は京都での勢力挽回をめざして一五〇〇人の兵力で京都に攻め上った。長州藩兵は、禁裏御所にほど近い蛤御門《はまぐりごもん》と堺町御門周辺で会津藩兵や薩摩藩兵と激戦を繰り広げたが、敗北し撤退した(禁門《きんもん》の変)。

禁門の変における長州藩の敗北をうけて、イギリス公使オールコックを中心にした欧米外交団は、攘夷運動の中心勢力であり、文久三年五月に外国艦船を砲撃し、その後も関門海峡を封鎖している長州藩への報復攻撃を決定した。元治元年八月、英仏蘭米四国連合艦隊の一七隻は、長州藩下関砲台を砲撃し、陸戦隊を上陸させて砲台を破壊した(図5-4)。長州藩は、下関海峡の通航保証などをとり決めた講和条約に調印し、攘夷戦争に敗北した。なお、賠償金三〇〇万ドルを要求されたが、外国艦船への砲撃は幕府の命令に従ったまでのことと拒否し、結局は幕府が半分、のちに明治新政府が半分を支払った。

この四国連合艦隊下関砲撃事件は、直接には長州藩への報復攻撃だったが、自由貿易を妨げる勢力や措置に対しては武力行使を辞さない、という欧米列強の強烈な意思表示でもあった。それは、幕府が進めようとしていた横浜鎖港方針への明確な拒絶であった。こうして、武力により破約攘夷をめざす勢力は敗北し、方針転換を余儀なくされた。しかし、攘夷の感情や衝動までが収まったわけではなく、広くかつ根強く持ち続けられた。

第一次幕長戦争

幕府は、禁門の変直後の元治元年七月、禁裏御所すなわち天皇へ銃口を向け発砲した「古今未曾有の朝敵」として長州藩追討の勅命をうけ、西南二一藩に出兵を命じた。第一次幕長戦争の始まりである。征長総督府をつくり、総督に前尾張藩主徳川慶恕(慶勝)、副総督に越前藩主松平茂昭《もちあき》を任命し、作戦を指揮する総督府参謀は薩摩藩の西郷《さいごう》隆盛《たかもり》だった。征討軍は、元治元年一一月一八日を攻撃開始期日と定めたが、長州征討戦争の勝利により幕府が権力を再強化することを危惧した西郷は、長州藩側と折衝し、禁門の変の責任者を処分することによって戦闘の回避をはかった。

長州藩は、八月に四国連合艦隊の下関攻撃により敗北したこともあり、一一月に益田右衛門介《ますだうえもんのすけ》ら家老三人を禁門の変の責任者として切腹させた。幕府は、三家老の切腹、藩主毛利敬親の服罪書提出、山口新城(当時、長州藩は居城を萩《はぎ》から山口へ移していた)の破却《はきゃく》などにより、長州藩が恭順の意を表したとして長州征討を中止した。将軍家茂も、予告していた出陣を停止し、第一次幕長戦争は戦闘することなしに終わった。問題は、降伏後の長州藩の処罰だった。

長州藩内部では、幕府への対応をめぐって「純一恭順」派(俗論党)と「武備恭順」派(正義党)に分かれて対立した。前者は、ひたすら幕府へ謝罪して藩の存続をはかろうとする勢力であり、後者は、幕府へ服従するが攻撃するなら抗戦するという勢力である。「純一恭順」派勢力が主導権を握り幕府への恭順を示したが、藩内の対立抗争は強まり、元治元年一二月には「武備恭順」派の高杉晋作らが藩の下関会所を襲撃した。翌年(四月に改元して慶応元年)一月から奇兵隊などの諸隊と藩鎮静軍との戦闘が始まり、長州藩内は内戦状態に陥った。この内戦で「武備恭順」派が優勢となり、三月には藩論を「武備恭順」とし、幕府が攻撃するならば抗戦するという方針へ変更した。

幕府は、長州藩へ決定的な打撃を与えることにより幕府の権力と権威を再強化し、政局の主導権を握る機会を窺っていた。長州藩に容易ならざる企てありとして、慶応元年(一八六五)五月に将軍家茂が出陣すると布告した。家茂は閏五月に上洛し、九月二一日に朝廷から長州再征討の勅許を獲得し、戦争の名分と態勢を整えた。

第二次幕長戦争と幕府・朝廷

元治元年八月に四国連合艦隊を派遣し、破約攘夷を主張する長州藩を敗北させた欧米列強は、なお条約を勅許せず攘夷運動の根源となり、条約に定められた兵庫開港に反対して自由貿易の発展を妨げている天皇・朝廷に対し、慶応元年九月に九隻の艦隊を兵庫沖へ派遣し軍事的威圧を加えた。幕府は、「天子をも外夷《がいい》にはかまわずなでごろしに相成」る事態もあり得ると朝廷を脅し、貿易により富国強兵をはかるためにと条約の勅許を要請した。欧米列強の強烈な軍事的威嚇をうけ、すでに攘夷派を切り捨ててしまった孝明天皇に、もはや踏ん張る力は残されていなかった。一〇月五日に、兵庫開港を除いて通商条約が勅許された。これにより、長年にわたる条約勅許問題は終止符を打った。頑迷ともいえるほどの鎖国攘夷主義者の孝明天皇がそれを捨ててしまったことに、「万人仰天」した。孝明天皇は、鎖国攘夷の旗を頑なに掲げることにより、尊王攘夷勢力の輿望を担って絶大な権威と権力を身につけたが、肝心の鎖国攘夷を投げ捨てたことにより、みずからの政治生命を断つことになった、と宮地正人氏は説く。

日米和親条約、日米修好通商条約、生麦事件の賠償金支払い問題、イギリス艦隊の鹿児島攻撃(図5－5)、四国連合艦隊の下関攻撃、四国連合艦隊の摂海《せっかい》(兵庫沖)侵入など、資本主義的世界市場への強制的編入とその維持のため、欧米列強は強烈な軍事的威圧と時に軍事攻撃を繰り返したことを忘れてはならない。それが薩摩藩や長州藩に敵しがたい欧米列強の軍事力を認識させ、対外的独立のため軍事力の近代化と新たな政体、国家の樹立を急がせることになった。

図5-5　薩英戦争俯瞰図(仏紙「ル・モンド・イリュストレ」1863年12月5日号に掲載，横浜開港資料館所蔵)

薩長盟約

幕府は、長州藩討伐を権力回復に利用しようとした。禁門の変で天皇・朝廷に向け銃砲を放った長州藩を征討する、という第一次幕長戦争はわかりやすかった。しかし、長州藩は、藩主父子の官位剥奪、江戸・大坂・京都藩邸の没収などの処分をうけ、服罪し恭順の意を示したのだから、もはや懲罰をうける謂れはないと抵抗した。また、岡山・鳥取・広島(芸州)・阿波藩などは、長州藩の主張に理解を示し、幕府権力を再強化するための再征に疑念を抱く藩も少なくなかった。薩摩藩は、積極的だった第一次幕長戦争と違い再征に反対し、逆に長州藩と連携する行動をとった。それが薩長盟約《めいやく》(同盟)である。

慶応元年四月、幕府は長州再征のため諸藩に出兵を命じた。しかし、薩摩藩の西郷隆盛は、長州再征は幕府の私戦と批判し、出兵拒否の方針を立てた。そして、強大な幕府に対抗する協力者として長州藩との連携を模索しはじめる。また、九月二一日に朝廷が長州再征の勅許を幕府に与えると、薩摩藩の大久保利通《おおくぼとしみち》は、同月二三日の西郷隆盛宛の手紙で、「非義《ひぎ》の勅命は勅命にあらず」と書いた。天下万人がもっともだと納得できる、道理にかなった勅命こそが勅命であり、そうではない勅命は非義の勅命なので従う必要はない、と非難した。孝明天皇は、勅命を非義の勅命と非難され、守られない勅命を出すにまで至った。天皇という器はともかくとして、生身の孝明天皇の権威は落ちるところまで落ちたのである。

長州藩は朝敵とされたため、幕府に抗戦するための銃や軍艦を公然と購入することが困難だった。そこで土佐藩の坂本龍馬《さかもとりょうま》と中岡慎太郎《なかおかしんたろう》らの仲介により、薩摩藩名義で銃と蒸気船を購入する策が薩長両藩内の議論を経て実現した。慶応元年八月には、ミニエー銃七〇〇〇挺が薩摩藩の船で長州藩内へ輸送された。同年九月、長州藩主毛利敬親・元徳父子が、薩摩藩主父子島津久光・忠義宛てに提携を申し入れる親書を送り、その結果、蒸気船購入も実現した。中央政局で覇を競い、時に敵対した薩長両藩は、この長州藩主父子の親書により提携関係を成立させた。征討軍の攻撃が迫るなか薩長連携を具体化する機運が高まり、慶応二年一月に六か条の薩長盟約が交わされた(図5－6)。

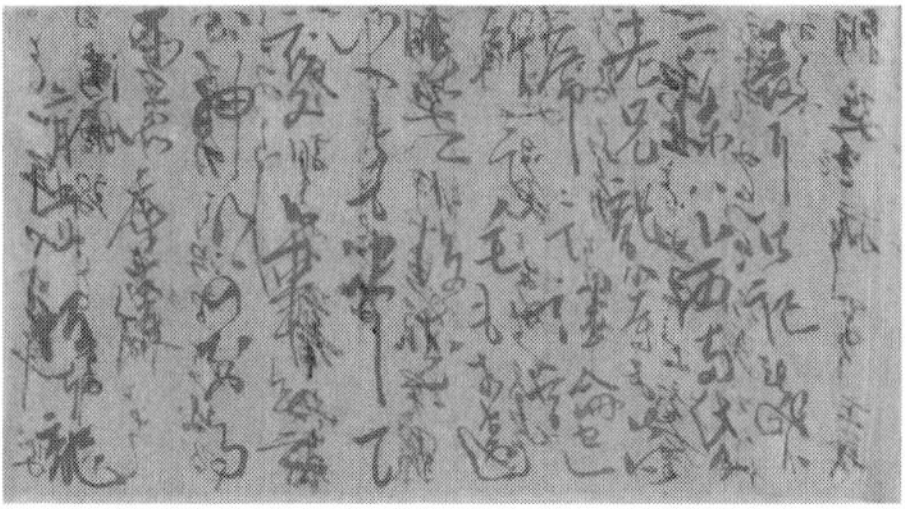

図5-6　薩長盟約裏書(慶応2年，木戸家文書，宮内庁書陵部所蔵)　長州・木戸孝允から土佐・坂本龍馬へ，薩長盟約の内容を箇条書きに述べた手紙に，龍馬が保証のため与えた裏書

盟約は、第一条で開戦とともに薩摩藩は兵二〇〇〇を上京させ、京・大坂に布陣すること、それから開戦後の想定されるいくつかの事態への対応を規定し、最後は、皇国のために粉骨砕身尽力し皇威の回復をめざす、とする。「皇威相暉《あいかがや》き御回復に立ち至り候を目途《もくと》」(『鹿児島県史料』)とは、天皇のもとで雄藩大名が合議する公議政体の樹立をめざすことと考えられる。薩摩藩は幕府の出兵命令を拒否し、この盟約により幕府に抵抗する薩長の態勢が決まった。この一連の経過が、薩長盟約の成立であった。

幕府の直属軍は二万人をこえ、歩兵隊・持小筒組・砲隊からなる西洋式軍隊が出陣した。さらに、大型の蒸気艦多数を擁する幕府海軍も出撃した。これに三一藩の軍勢が加わり、数のうえでは圧

第二次幕長戦争の開始

倒的に長州藩より優勢だった。しかし、藩主が先鋒《せんぽう》総督になった紀伊徳川家や彦根藩（井伊家）、越後高田藩（榊原《さかきばら》家）、豊前小倉藩（小笠原家）、石見浜田藩（松平家）などの三家・家門・譜代大名を除くと、出兵には応じたものの形式的で、なかには戦闘を回避する藩も出たほど、征討軍の足並みは揃っていなかった。さらに、各藩の軍勢は、西洋式装備もあれば伝統的な旧式装備のままもあるという不統一さだった。

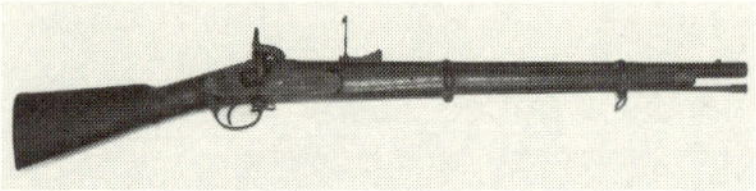

図5-7　ミニエー銃（小野家所蔵）

慶応二年六月に開戦すると、長州藩大島口、芸州口、石州口、小倉口の各主戦場で幕府軍が敗退した。長州藩の軍隊は、奇兵隊などの諸隊、藩家臣の軍団、家臣団から選抜された干城《かんじょう》隊などからなり、みな西洋式に編成され、主力部隊はミニエー銃を装備していた。

一九世紀半ば頃、欧米での銃の発達はめざましく、ミニエー銃は一八四六年にフランスで開発された先込め式のライフル銃（銃身のなかに施条〈ライフル〉が施してあり、弾丸は椎の実型）だった（図5-7）。さらにスペンサー銃など当時最先端の銃が日本へ大量に輸入され、第二次幕長

戦争から戊辰《ぼしん》戦争にかけて主要な銃器として戦闘に使用された。保谷徹氏によると、それまでに輸入されたゲベール銃とミニエー銃の性能を比較すると、射程距離はゲベール銃五〇～一〇〇メートルに対してミニエー銃二〇〇～五〇〇メートル、命中精度はゲベール銃を一とするとミニエー銃は五・五で、ミニエー銃の性能は格段に優れ、しかも命中した時の威力もはるかに強力だったという。備後福山藩のように部分的に西洋式装備を取り入れただけの藩や、彦根藩・越後高田藩のような旧式装備の軍隊は、長州藩の敵ではなく圧倒されたのは当然だった。

幕府軍の主力の歩兵隊は、ミニエー銃を装備した西洋式軍隊であって長州藩と遜色なく、かつ海軍は大型蒸気艦を保有して長州藩の海軍力を圧倒していた。また、紀州藩なども西洋式軍隊だった。三宅紹宣氏によると、幕府軍側が敗北したのは、西洋式から旧式までのバラバラな装備の軍隊の寄せ集めだったことと、長州軍が散兵戦術などの西洋式戦法を習得し、かつ有志の部隊である諸隊の兵士が戦場において自発性を発揮したことなどが大きかった。極論すれば、たとえ同じ最先端の武器を装備しても、基本的に幕藩制的伝統軍隊と近代的軍隊との戦闘能力の差ということになる。

幕府の敗北

幕府軍が戦闘で劣勢に立たされていた七月二〇日、出陣中の将軍家茂が二一歳で大坂城中にて亡くなった。一橋慶喜が徳川将軍家の家督を継ぎ、幕長戦争を指揮することになった。家茂が亡くなる少し前に、広島・岡山・阿波藩主から朝廷へ戦争中止の意見書が出されていたが、慶喜は、孝明天皇から速やかに追討せよとの勅命をうけ、反転攻勢に出ようとした。ところが、小倉口の戦闘で小倉城が落城し、継戦は困難となった。九月、将軍の死去を理由に停戦し、第二次幕長戦争は幕府の敗北に終わった。

江戸幕府はその成立以来、軍事的に敗北したことはなく、また圧倒的な軍事力と政治・経済力に裏打ちされた幕府・将軍の権威(「御武威」「御威光」)は、大名に反抗や謀叛をおこそうとする意欲すら失わせるほどのものだった。ところが、幕府が諸大名を動員して圧倒的な大軍で攻撃したにもかかわらず、長州藩一藩に敗北してしまった。第二次幕長戦争の敗北は、幕府の権威を決定的に失墜させた。また、長州征討の勅命を出したにもかかわらず諸藩を従わせることができず、朝敵征討に失敗した孝明天皇の権威もさらに失墜した。幕府も孝明天皇も、もはや絶対的な存在ではなくなり、これ以降、幕府権力を解体(倒幕)させ、それに代わる新たな政体、新たな国家樹立へと歴史は進むことになる。

なお、幕府は、第二次幕長戦争の間も、慶応元年(一八六五)七月、フランス公使ロッシュの勧めで同三年に開催予定のパリ万国博覧会への参加を決定、慶応二年四月、学術・商業目的の日本人の海外渡航を許可、五月に輸入品関税を一律五パーセントに引き下げる改税約書に調印、六月にベルギー、七月にイタリア、一二月にデンマークと修好通商条約を締結(結果、あわせて一一か国と通商条約を締結)、このように着々と外交関係を拡大し、対外的には日本政府として機能していた。

朝廷の動向と天皇の死

孝明天皇は慶喜に期待し、その要請により長州征討の完遂を命じた。しかし戦局が悪化すると休戦の勅命を出し、戦後処理のため有力大名へ上洛を命じた。天皇のあまりに幕府べったりの姿勢に、朝廷内部からも批判が噴き出してきた。三条実美は、八月一八日政変や禁門の変で処罰された公家の赦免、そして幕府べったりではなく「御立派の御孤立」を要求する声を上げた。慶応二年八月三〇日には、岩倉具視を黒幕とする二二人の公家が、諸大名の召集は幕府ではなく朝廷が直接におこなうこと、処罰をうけた公家の赦免、朝政の改革の三か条を要求して禁裏御所へおしかけた。またまた公家の一揆である。

これに対して天皇は、朝憲《ちょうけん》(朝廷の法規)を破る行為として再び処罰を加えた。批判的な公家への処分を繰り返した結果、天皇の孤立化は目を覆うばかりであった。諸藩から見放されつつある幕府へ寄り添い、公武合体・大政委任の枠組みにしがみつく孝明天皇は、朝廷内で孤立した。公武合体・大政委任という江戸時代の朝幕関係、ひろく江戸時代の国政の枠組みをあくまでも守ろうとする天皇は、「江戸時代の天皇」そのものだが、その江戸時代の政治体制そのものを変革しようとする動きが強まるなかでは、早晩否定されざるを得ない存在となった。

孝明天皇は、慶応二年一二月二五日に急死した。三六歳だった。その死をめぐっては、かつてから毒殺説と病死(疱瘡《とうそう》)説の論争があり、現在は病死説が有力だが真相は不明である。祖父光格天皇の時から再興された諡号・天皇号をおくられ、統仁《おさひと》は孝明天皇となった。その葬儀は荼毘《だび》(火葬)式を廃止するなど仏教色を極力排し、さらに山陵(泉涌寺後月輪東山陵《せんにゅうじのちのつきのわ》)が造営された。砂利を敷き詰めた拝所、正面に鳥居、内側に一対の燈籠、その奥に円墳のような高塚を築いた墓で、これは幕府が神武天皇陵を修造した文久三年(一八六三)に採用された形式である。ちなみに、それが現代にいたるまで天皇陵の形式としてほぼ踏襲された。葬儀や墓所の形式という点では、孝明天皇は「近代の天皇」になった。

翌慶応三年正月、睦仁《むつひと》(明治天皇)数え一六歳が践祚《せんそ》した。孝明天皇の葬儀にともなう大赦《たいしゃ》がおこなわれ、八月一八日政変以来の処罰された公家が赦され朝廷に復帰してきた。中山忠能《ただやす》(新天皇の外祖父)、正親町三条実愛《おおぎまちさんじょうさねなる》、岩倉具視ら、朝廷の現状に批判的な公家たちが復権し、朝廷を牛耳っていった。幕府にとっては孝明天皇という後ろ盾を失い不利な状況となり、薩摩藩や長州藩らにとっては少年天皇という好都合な状況が生まれた。

将軍家の家督を相続した一橋慶喜は、慶応二年九月、朝廷からの命令（「朝命」）として二四藩の諸侯に上京を命じた。このさい越前藩の松平慶永は、徳川将軍家も一大名となり、大政を朝廷へ返上するよう慶喜に勧告した。また、薩摩藩の西郷隆盛や大久保利通らは、召集された有力諸侯の会議が、将軍職を廃止し天皇を頂点とする有力大名による公議政体樹立の第一歩になることを期待した。しかし、慶喜に大政を返還する意思のないことがわかると、松平慶永は帰国し、島津久光らは上京しなかった。そのため、上京した大名はわずか七人にとどまった。

政体変革の模索

慶喜が有力諸侯との協調を望んでいると判断した薩摩藩の西郷、大久保、長州藩の井上聞多は、兵庫開港と長州処分問題に決着をつけるため有力諸侯を上京させ、将軍慶喜も交えた会議を開くことを画策した。彼らは、その会議が天皇を頂点とした有力諸侯の公議政体樹立へ進むことをめざしたのである。このような公議政体による新たな国家権力の創出をはかる構想は、公議政体論とよばれる。まず島津久光、松平慶永、山内容堂、伊達宗城に上京を求め、四名はそれに応えて慶応三年四月に上京してきた。四諸侯は会談（四侯会議）し、慶喜と折衝を繰り返した。折衝の内容は、寛大な長州処分、兵庫開港、外交権の朝廷への移管、大政を朝廷へ返還し天皇の下で諸大名の合議により政権を運営する公議政体の樹立、であった。

しかし慶喜は、五月二三日に禁裏御所で、摂政・内大臣ら摂家と慶喜・所司代・在京老中らによる会議を開き、翌二四日に兵庫開港と寛大な長州処分の勅許を出させた。つまり、兵庫開港と長州処分などの懸案を諸侯会議で決定するのではなく、幕府主導で決めたのである。ここに、将軍慶喜ら幕府側と有力諸侯の会合や折衝により平和的な政体変革をめざした西郷や大久保、そして四侯らの目論見は、慶喜の幕府権力への固執により失敗した。

そこで、西郷、大久保ら薩摩藩の指導部は、長州藩などと協力し、武力を用いた政体変革、すなわち武力倒幕(討幕)のため挙兵する道を選び、その機会を探り始めた。また、土佐藩などは、なお平和的な道筋での公議政体の樹立を探った。幕府はそのような動きに対抗して、軍事と政治の改革により権力を強化し、全国支配権を維持しようとはかった。

慶応の幕政改革

将軍慶喜のもとで幕府は、急速に軍事と政治機構の改革に取り組んだ。慶応の幕政改革は、第二次幕長戦争における手痛い敗北をきっかけにしている。そのためとくに、陸海軍の強化が取り組まれた。幕長戦争のさなかから、幕府は戦争を有利に進めるためフランス公使ロッシュに軍事と資金の援助を求めていた。大砲や小銃、それを運搬する蒸気輸送艦の購入や軍事教練の士官の派遣、さらに六〇〇万ドルもの借款を要請した。

幕府歩兵隊は、装備と編成の面で西洋式軍隊であり、幕長戦争でも強力だった。しかし、兵卒の不足は深刻だった。慶応二年七月、幕府は兵卒を直接に雇うため江戸で募集し、八月には、たとえば知行一〇〇〇石なら銃手六人のように、兵賦とは別に旗本から知行石高に応じて銃卒を取り立てる軍役銃手を命じた。旗本は、それまで従者として人宿(奉公人斡旋業者)から雇用していた武家奉公人を銃卒に差し出すことになり、人宿は幕府から歩卒請負人に指定された。慶応三年正月、それまでの旗本兵賦は金納(知行所の村から人を出す代わりに代金を納める)となり、同年九月には、軍役銃手に代わり、知行地からの年貢の半額(一〇か年平均収納高の半額)を軍役金として幕府へ納めるよう旗本に命じた。この結果、幕府が兵卒をすべて直接に人宿から雇用する体制となり、幕府陸軍は傭兵《ようへい》制となった。

慶応二年八月から一二月にかけて、それまでの番方《ばんかた》(幕府直属軍事力)組織は順次廃止ないし縮小され、番士《ばんし》たちは奥詰銃隊・遊撃隊・銃隊の銃隊組織に再編成された。一一月には、講武所は陸軍所と改称され、旗本・御家人に西洋砲術を教授して陸軍士官の養成をはかった。こうして、武士が士官、民衆(ただし傭兵)が兵卒に編成され、幕府陸軍は近代的軍制へ近づいた。

慶応三年八月に長州藩の木戸《きど》孝允《たかよし》が、慶喜が将軍になって以降、幕府の兵制改革が一挙に進んだことを認め、その強化された軍事力に警戒の念を抱いた。

なお、将軍が戦争へ大名を動員するとき、領知高に応じて出兵する人員と武器の基準を定めた法令を軍役令というが、慶応二年一〇月から一二月ころ、幕府はこの軍役令を西洋式軍隊編成に対応したものへの改訂を試みた。幕府は、譜代大名も外様大名も統一的に歩兵・騎兵・砲兵の数を定め、いまだ全国の大名を軍事指揮しようとしていたのである。

なお、条約で国境を確定しなかったカラフトでは、ロシアとの対立・衝突が繰り返されていた。幕府は、国境警備のため箱館奉行の要請に応え、慶応三年末までに歩兵隊を派遣することを決定し、なお日本国の政府として国境警備にあたろうとした。さらに、慶応二年にアメリカ・フランスと朝鮮とがキリスト教迫害をめぐって紛争状態(「丙寅洋擾《へいいんようじょう》」「シャーマン号事件」とよばれる)になるや、幕府は国威と信義を万国に輝かすと称してその紛争に介入し、朝鮮を軍事的に威圧するため軍隊を派遣しようとすら計画した。

軍事にとどまらず、幕府は政治・行政機構の改革もおこなった。慶応三年五、六月ころ、それまでの老中合議制をやめ、陸軍・海軍・国内事務・会計・外国事務の五部門を老中が分担し、板倉勝静《かつきよ》が首相格で将軍慶喜を補佐する体制に改革した。将軍慶喜―首相板倉―五省大臣―各省役人となり、有能な幕臣を大胆に登用し、幕府中心の新たな政体、国家体制の創出をめざした。そのもとで、幕府が全国市場を独占する計画などの経済政策も企画・立案されていった。

これらの動きを、徳川絶対主義形成への動きと評価した研究者もいる。

雄藩による幕府にかわる政体変革の動きが、武力行使か平和的にかの対抗をはらみながら強まるなか、幕府は幕府中心の新たな国家体制を作り出そうと試みていたのである。

大政奉還と政体の変革

後藤象二郎《しょうじろう》らを中心とする土佐藩から、平和的な道筋で新政体、公議政体の樹立をめざし、大政奉還《ほうかん》(天皇への政権返上)を将軍慶喜に勧める策がたてられた。慶応三年六月から七月にかけて、土佐藩の後藤、福岡孝弟《たかちか》らと薩摩藩の西郷隆盛、大久保利通、小松帯刀《たてわき》らが、坂本龍馬らも同席して会合し、七月二日、大政奉還を共同で幕府へ勧告することとその後の政体について確認し合った(薩土《さつど》盟約《めいやく》)。

土佐藩は平和的な道筋での政体変革に力点があり、薩摩藩は将軍慶喜が大政奉還の勧告を拒否すると予測し、拒否すれば武力により政体変革を実現することを狙っていた。新たな国家の組織形態の構想である公議政体には、両藩に大きな差異がなかったものの、その実現手段は平和的と武力的の違いがあり、両藩の思惑にズレがあった。前者は公議政体派とよばれ、後者は武力倒幕派とよばれる。構想された政体は、朝廷が一切の政治権力を握り、京都の議事院で法制その他すべてを決定する、議事院は上院と下院からなり、議員は公卿から一般庶民までのうちから選挙で選び、諸侯は上院の議員となる、将軍は辞職し政権を返上して一大名になる、という内容であった。これは、幕府専権政治から天皇の下での公議政体へ移行させる政体変革の構想であった。

芸州藩(広島藩・浅野家)からも類似の大政奉還構想が提起されたことから、慶応三年七月に薩土芸三藩の共同で幕府へ建白することになった。さらに西郷隆盛の主張により、そのさいは三藩の兵力を集めて幕府へ軍事的圧力をかけることも決められた。しかし、土佐藩の山内容堂が、軍事的圧力を加えることに反対したため、三藩が出兵し大政奉還を幕府に迫る方式による政体変革は挫折した。ついで薩摩藩の西郷、大久保利通、小松帯刀らは、政体変革実現のため長州藩と芸州藩との共同出兵を計画し、九月には三藩で合意された。それは、九月に三藩の兵力で大坂城を攻略し、幕府へ政体変革を迫る計画だった。ところが、芸州藩内から、また今回は薩摩藩内部からも出兵反対の声があがり、薩摩藩の出兵が遅れてしまった。

薩長芸三藩の計画実行がもたつくうちに、土佐藩が慶応三年一〇月三日に山内容堂の名で大政奉還建白書を将軍慶喜へ差し出し、芸州藩も同月六日に同様の建白書を提出した。将軍慶喜は西郷隆盛らの予想に反して、一〇月一四日に大政奉還を天皇に願い出て、翌日勅許された。さらに慶喜は、一〇月二四日に将軍職の辞表も出した。慶喜は、天皇の下に設けられる新たな国政審議機関で主導権を握ろうと考えたらしい。大政奉還により政治権力は天皇・朝廷が握り、徳川将軍家は一大名となることになり、その結果、薩長芸三藩は出兵する名分を失ってしまった。政体変革を平和的におこなうのか、武力を行使しておこなうのかをめぐる激しい政治闘争が繰り広げられたのである。

おわりに

倒幕と新政府樹立

朝廷は将軍慶喜から大政奉還をうけて、新政体への移行を協議する諸侯会議を開催するため、全大名に上京を命じた。しかし、混沌とする情勢を見極めようと形勢観望する大名が多く、朝廷の命令に応じて上洛しようとする大名は少なかった。そこで土佐藩の後藤象二郎らは、在京する大名だけで諸侯会議を開き、新政体樹立を協議しようとした。

一方薩摩藩の小松帯刀・西郷隆盛らは、武力による倒幕をめざし、将軍慶喜が大政奉還を願い出た前日の慶応三年一〇月一三日に、島津久光・忠義父子宛てのいわゆる「討幕の密勅」を朝廷から手にした。密勅は、「賊臣慶喜を殄戮《てんりく》、もって回天の偉勲《いくん》」、つまり慶喜を抹殺せよという主旨であった。「討幕の密勅」は詔勅《しょうちょく》の書式をまったく踏んでいないしろものだが、西郷隆盛らと岩倉具視ら倒幕派の公家たちの謀議により作成された。それは、西郷や大久保利通らにとって、出兵を躊躇する藩主の率兵上洛を実現するために必要な道具だった。なお、長州藩へも一四日、同様の「討幕の密勅」が出された。

西郷らは、諸侯会議を経ることなく、武力を行使した朝廷クーデターにより新政体の樹立をめざした。薩摩藩主の島津忠義は兵を率いて慶応三年一一月二三日に上洛し、長州藩兵も一一月二九日には摂津に上陸して西宮(現、兵庫県西宮市)に集結した。薩長両藩は、大政奉還を願い出た慶喜への不信感が強く、さらに慶喜の政治力と徳川勢力の力を削いで、創出される新政体において主導権を握るため、武力を背景にした倒幕作戦を開始した。

武力倒幕派は、なお平和的に新政体の樹立をはかろうとする山内容堂、後藤象二郎ら公議政体派の行動を見守りながら、一二月九日、禁裏御所の諸門を薩長両藩兵が固めるなか、政変を決行した。「神武創業ノ始」に戻ることを謳った「王政復古の大号令」が出され、幕府や摂政・関白などを廃止し、総裁・議定・参与の三職を新設することを宣言した。三職が、雄藩大名とその家臣、および公家から構成される国政審議機関である。ここに天皇の下に公議政体、新政府が樹立され、徳川勢力との内戦、すなわち戊辰戦争を経て明治新政府が確立する。

倒幕・新政府と民衆

最後に、こうした状況の中、民衆たちはどのように動いたのだろうか。先述のように、貿易の開始は、養蚕・生糸生産地帯の生産者と商人、および売込商、引取商らに空前の利益をもたらした。しかし、輸出超過による物資不足と幕府の貨幣改鋳や諸藩の藩札濫発により、これまた空前の「諸色高直諸人難儀《しょしきこうじきしょにんなんぎ》」という、民衆の暮らしが根底から脅かされる情勢が生まれた。また、外国の需要に左右されて貿易利益が低下するなど、海外要因による経済変動が地域社会の不安定要因となった。

そのなかで、慶応二年(一八六六)には、武蔵一帯の武州一揆、陸奥信夫・伊達両郡の信達一揆など、養蚕・生糸生産地帯で大規模な世直し一揆がおこり、さらに米価高騰により西宮・堺・大坂・兵庫、そして江戸で打ちこわしがおこるなど、全国で一揆や打ちこわしが未曾有に多発した。慶応三年も各地で一揆・打ちこわしが続き、八月頃、伊勢神宮のお札が降ったのをきっかけに、東海地方から「ええじゃないか」の唄をうたいながらの集団乱舞が始まり、各地へ伝播していった。幕府も藩も、また武力倒幕派も公議政体派も、政治闘争の足元を民衆により脅かされていたのである。「諸色高直諸人難儀」の事態に無策な政治を一揆・打ちこわし・「ええじゃないか」の乱舞により批判する民衆、しかも才知の発達した民衆をいかに統治するのかが問われた。

「王政復古の大号令」には、物価の高騰は「如何トモスヘカラサル勢」でお手上げ状態にあり、富める者はますます富み、貧しい者はますます貧しくなっているのは、これまでの政治が正しくなかったことに原因があり、天皇は心を悩ましているので打開策を提案してくれ、と書かれている。「諸色高直諸人難儀」の事態打開こそが、政治の緊急課題であり、新政府は民衆の支持を得るためにもこの課題の解決を課されたのである。

また、慶応四年三月に出された新国家の国是ともいうべき「五箇条の誓文」の第三条に、「官武《かんぶ》一途《いっと》庶民ニ至ル迄 各《おのおの》 其志ヲ遂ケ人心ヲシテ倦《うま》ザラシメン事ヲ要ス」（宮内庁書陵部所蔵原本控）とある。しかし、越前藩出身で新政府の参与となった由利《ゆり》公正《きみまさ》が書いた原案では、第一条が「庶民志を遂け人心をして倦まさらしむるを欲す」（福井県立図書館所蔵「議事之体大意」）であり、それを土佐藩出身の同じく参与の福岡孝弟が「官武一途庶民に至る迄各其志を遂け人心をして倦まさらしむるを欲す」と添削した。由利の文章が「五箇条の誓文」の直接の原案ではないとはいえ、まさに現状に倦んだ才知の発達した庶民、民衆といかに対峙するのかが、新政府、新国家に問われていたことを示しているだろう。

あとがき

本書は、「幕末から維新へ」というタイトルで、一八世紀末から維新までの歴史過程を対象としている。やや長いスパンをとったのは、維新変革の起点を一八世紀末に設定する著者の理解に基づいている。幕藩体制という江戸時代の政治体制、あるいは江戸幕府は、一八五三年のペリー来日から始まる強度の外圧がなければ、あれほどの短時日で解体することはなく、まだ一〇〇年でも続いたのではないかと推測している。幕末の叙述は、一九世紀半ば近く、一八四〇年代前半の天保の改革、あるいはペリー来日から始めるのが通常である。しかし、幕末の歴史に主役として登場する欧米列強、天皇・朝廷、成長をとげた民衆などが、一八世紀末にその姿を現してくる。本書の叙述が、一八世紀末から始まる理由である。

著者は、叙述にあたって二つの点に留意した。ひとつは、なるたけ社会史や経済史、さらには思想史などの成果にも目配りしながら、政治過程を中心に叙述しようとしたことである。それは、近世史研究は、政治史、社会史、経済史、対外関係史、思想史などの分野ごとに深化、発展し大きな成果をあげてきたが、あたかも独立した研究分野であるかのように研究が進んでいる現状への反省からである。また、近年の幕末維新期の政治史研究は、めまぐるしく変わる政局を精緻に描き、目覚ましく発展した。しかし、とくに貿易の開始などによる経済や地域社会の変動と政治過程との関連がやや希薄になっているのではないか、という懸念がある。いまひとつは、百姓・町人身分の動向を取り込もうと試みたことである。幕末から維新変革に関わって登場するのは、武士層が中心で、それ以外では地方の豪農・豪商、知識人レベルまでであることに不満を覚えていたからである。そこで、近世から近代への政治的経済的変革の基礎となる民衆の成長を、やや強引との批判を覚悟して組み込んでみた。力及ばずで、十分に成功しているとは言えないかもしれないが、ひとつの試みと理解していただきたい。

著者は、一八世紀後半から一九世紀半ばに至る歴史過程については、具体的に史料を検討し研究論文などを書きながら考えてきた。しかし、著者は維新史の研究者ではないため、ペリー来日以降については、天皇・朝廷と開港後の地域社会の変動などを除いて、多くの先学の研究成果にほとんどを依拠させていただいた。消化不良なところもあり、自ら史料を読んで再検討していないためかなりの不安を覚える。

一八世紀末から維新までの一〇〇年弱の歴史は、近世から近代へ移行する日本史上の巨大な変革期であり、興味のつきない研究対象である。維新史研究者ではない近世史研究者の著者にとって、約一〇〇年の激動期の歴史をコンパクトにまとめるのは困難であったが、近世の終焉を見届けるよい機会を与えられたことに感謝したい。

二〇一五年四月

藤田　覚

岩波新書新赤版一〇〇〇点に際して

ひとつの時代が終わったと言われて久しい。だが、その先にいかなる時代を展望するのか、私たちはその輪郭すら描きえていない。二〇世紀から持ち越した課題の多くは、未だ解決の緒を見つけることのできないままであり、二一世紀が新たに招きよせた問題も少なくない。グローバル資本主義の浸透、憎悪の連鎖、暴力の応酬――世界は混沌として深い不安の只中にある。

現代社会においては変化が常態となり、速さと新しさに絶対的な価値が与えられた。消費社会の深化と情報技術の革命は、種々の境界を無くし、人々の生活やコミュニケーションの様式を根底から変容させてきた。ライフスタイルは多様化し、一面では個人の生き方をそれぞれが選びとる時代が始まっている。同時に、新たな格差が生まれ、様々な次元での亀裂や分断が深まっている。社会や歴史に対する意識が揺らぎ、普遍的な理念に対する根本的な懐疑や、現実を変えることへの無力感がひそかに根を張りつつある。そして生きることに誰もが困難を覚える時代が到来している。

しかし、日常生活のそれぞれの場で、自由と民主主義を獲得し実践することを通じて、私たち自身がそうした閉塞を乗り超え、希望の時代の幕開けを告げてゆくことは不可能ではあるまい。そのために、いま求められていること――それは、個と個の間で開かれた対話を積み重ねながら、人間らしく生きることの条件について一人ひとりが粘り強く思考することではないか。その営みの糧となるものが、教養に外ならないと私たちは考える。歴史とは何か、よく生きるとはいかなることか、世界そして人間はどこへ向かうべきなのか――こうした根源的な問いとの格闘が、文化と知の厚みを作り出し、個人と社会を支える基盤としての教養となった。まさにそのような教養への道案内こそ、岩波新書が創刊以来、追求してきたことである。

岩波新書は、日中戦争下の一九三八年一一月に赤版として創刊された。創刊の辞は、道義の精神に則らない日本の行動を憂慮し、批判的精神と良心的行動の欠如を戒めつつ、現代人の現代的教養を刊行の目的とする、と謳っている。以後、青版、黄版、新赤版と装いを改めながら、合計二五〇〇点余りを世に問うてきた。そして、いままた新赤版が一〇〇〇点を迎えたのを機に、人間の理性と良心への信頼を再確認し、それに裏打ちされた文化を培っていく決意を込めて、新しい装丁のもとに再出発したいと思う。一冊一冊から吹き出す新風が一人でも多くの読者の許に届くこと、そして希望ある時代への想像力を豊かにかき立てることを切に願う。

（二〇〇六年四月）

藤田 覚

1946年長野県生．1974年東北大学大学院文学研究科博士課程単位修得．東京大学史料編纂所教授，同大学大学院人文社会系研究科教授を経て
現在―東京大学名誉教授
専攻―日本近世史
著書―『幕藩制国家の政治史的研究』(校倉書房)
『天保の改革』(吉川弘文館)
『遠山金四郎の時代』(講談社学術文庫)
『松平定信』(中公新書)
『幕末の天皇』(講談社学術文庫)
『近世政治史と天皇』(吉川弘文館)
『近世後期政治史と対外関係』(東京大学出版会)
『田沼意次』(ミネルヴァ書房)
『天皇の歴史06　江戸時代の天皇』(講談社)
『泰平のしくみ』(岩波書店)
『日本の開国と多摩』(吉川弘文館) ほか編著書多数

幕末から維新へ
シリーズ 日本近世史⑤　　岩波新書(新赤版)1526

2015年5月20日　第1刷発行
2024年7月5日　第7刷発行

著　者　藤《ふじ》田《た》 覚《さとる》

発行者　坂本政謙

発行所　株式会社 岩波書店
〒101-8002 東京都千代田区一ツ橋2-5-5
案内 03-5210-4000　営業部 03-5210-4111
https://www.iwanami.co.jp/

新書編集部 03-5210-4054
https://www.iwanami.co.jp/sin/

印刷・精興社　カバー・半七印刷　製本・中永製本

ISBN 978-4-00-431526-1　　Printed in Japan

索　引

あ 行

か 行

さ 行

た 行

な 行

は 行

ま 行

や 行

ら 行

わ 行

年　表

西暦	和暦	事　項
1782	天明 2	凶作が続き，翌年より天明の大飢饉に．各地で打ちこわし始まる．7 印旛沼干拓工事を決定
1783	3	1 工藤平助『赤蝦夷風説考』完成．7 大黒屋光太夫アリューシャン列島に漂着．浅間山大噴火．9 大槻玄沢『蘭学階梯』完成
1786	6	8 田沼意次失脚．10 代将軍徳川家治没(50)．この年，本居宣長，大政委任論を説く
1787	7	この年，天明の大飢饉ピーク．4 徳川家斉，11 代将軍就任．5 江戸市中で大規模な打ちこわし．6 京都で御所千度参り流行．朝廷，窮民救済を幕府へ要請．6 老中松平定信，寛政の改革開始．11 光格天皇，大嘗祭を復古
1788	8	1 京都大火，御所・二条城など焼失．柴野栗山を聖堂付き儒者に登用(翌年以降，岡田寒泉らも)．10 江戸の豪商を勘定御用達・米方御用達に起用
1789	寛政 1	5 クナシリ・メナシのアイヌ蜂起．9 棄捐令．大名に囲米を命じる．猿屋町に貸金会所設立
1790	2	5 聖堂学問所で朱子学以外の学問を禁止(寛政異学の禁)．9 蘭貿易を減額・制限(中国貿易も)．11 旧里帰農奨励令発令．復古的御所の竣工
1791	3	4 米船，紀伊串本沖合に渡来．5 最上徳内らエトロフ島へ．8 英船，博多湾に渡来．9 異国船取扱い方法を大名に指示．12 七分積金を運用する江戸町会所創設
1792	4	5 幕府，林子平を処罰．9 露遣日使節ラクスマン根室に渡来．「学問吟味」開始．11 典仁親王

		への尊号宣下を幕府拒否(尊号一件). 朝廷, 新嘗祭を復古. 12 幕府, 150年ぶりに海岸防備を大名に命じる
1793	5	3 定信, 海防のため伊豆・相模沿岸を巡視. 7 定信, 老中辞職. 10「素読吟味」開始
1796	8	8 英人ブロートン指揮のプロビデンス号, 海図作成のため室蘭渡来(翌年も)
1797	9	6 蘭の傭船(米船)長崎入港(1807年まで). 12 異国船の穏便な取扱いを指示. 林家の塾を幕府学問所とする
1798	10	6 本居宣長『古事記伝』を完成
1799	11	1 松前藩から東蝦夷地の支配権を取り上げ, 7か年の仮上知
1800	12	閏4 伊能忠敬, 蝦夷地測量へ出立
1801	享和1	8 志筑忠雄『鎖国論』なる
1803	3	7 米船長崎に渡来, 貿易要求するも拒絶
1804	文化1	9 露国遣日大使レザノフ長崎に渡来, 貿易要求
1805	2	3 レザノフへ「鎖国」は祖法と宣告し, 通商要求拒否
1806	3	9 フヴォストフ率いる露軍艦, カラフトを攻撃
1807	4	3 全蝦夷地を直轄. 4 露艦, カラフト・エトロフを攻撃(文化の露寇事件). 米船長崎に渡来. 5 南部・津軽藩他に蝦夷地出兵を命じる. 6 幕府, 露との紛争に関する情報を朝廷へ報告. 12 露船打払令
1808	5	4 間宮林蔵ら, カラフトが島であることを発見. 8 英艦長崎へ渡来, 蘭商館員を捕らえ違法行為を働く. 長崎奉行引責自殺(フェートン号事件)
1809	6	12『徳川実紀』編纂開始
1810	7	2 幕府, 会津・白河藩に相模浦賀・上総・安房の海岸防備を命じる
1811	8	5 朝鮮通信使の礼を対馬で受ける(易地聘礼). 幕府天文方に蛮書和解御用掛設置. 6 南千島測

		量中の露艦長ゴロヴニンを捕縛・拘禁(2年後に釈放)
1813	10	**3** 幕府，十組問屋仲間に株札を交付し新規加入禁止．380年ぶりに石清水八幡宮臨時祭再興．**6** 英ジャワ副総督ラッフルズ，ワルデナールを長崎に派遣，蘭商館接収に失敗．**12** 光格天皇．「大日本国天皇兼仁」と署名
1814	11	**11** 賀茂社臨時祭再興
1816	13	**10** 英船アルセスト号琉球へ来航，貿易要求
1817	14	**3** 光格天皇譲位，仁孝天皇即位．**9** 英船，浦賀に来航
1818	文政1	**5** 英人ゴルドン浦賀に来航，貿易を要求
1819	2	**6** 小判・一分判を改鋳(文政の貨幣改鋳開始)
1820	3	**12** 会津藩(3年後に白河藩も)の江戸湾警備の任を解き，浦賀奉行に命じる
1821	4	**12** 幕府，蝦夷地直轄を中止，松前藩に返還
1822	5	**4** 英捕鯨船サラセン号，浦賀寄港
1824	7	**5** 英捕鯨船員，常陸大津浜に上陸，水戸藩に拘束される．**7** 天文方・高橋景保，異国船打払策を提言．**8** 英捕鯨船員，薩摩宝島に上陸し略奪
1825	8	**2** 幕府，異国船打払令発令
1827	10	**2** 文政の改革開始，改革組合村結成．**3** 将軍家斉，太政大臣に昇進
1828	11	**10** シーボルト事件
1830	天保1	この年，水戸藩主徳川斉昭，藩政改革着手
1831	2	**2** 江戸町会所，窮民へ施米．**7～11** 産物会所廃止などを要求して防長大一揆
1832	3	この年，村田清風，長州藩に藩政改革案を上申
1833	4	この年，奥羽・関東飢饉，各地で打ちこわし
1834	5	この年，諸国飢饉．**6** 江戸町会所，窮民へ施米
1835	6	**9** 天保通宝鋳造．**12** 諸大名に国絵図作成命令
1836	7	**8** 甲州郡内一揆．**9** 三河加茂一揆．一揆・打ちこわし頻発

1837	8	この年，天保の飢饉ピークに．2 大塩平八郎，蜂起(大塩事件)．4 家斉，職を家慶に譲る．6 米船モリソン号，貿易交渉めざし浦賀に渡来．7 朝廷と幕府，朝覲行幸再興を合意．9 徳川家慶，12 代将軍に
1838	9	5 佐渡一国一揆．8 徳川斉昭，内憂外患について意見書起草．高野長英『夢物語』・渡辺崋山『慎機論』なる
1839	10	12 渡辺崋山蟄居，高野長英終身刑に処せられる(蛮社の獄)
1840	11	7 アヘン戦争の勃発と中国の劣勢が伝わる．11 川越・庄内・長岡の 3 藩に三方領知替えを命じるも，激しい抵抗運動．兼仁上皇没(翌年，光格天皇とおくられ天皇号再興)
1841	12	1 老中水野忠邦，アヘン戦争を教訓にと書状に記す．閏 1 家斉没(69)．5/9 高島秋帆，徳丸原で西洋砲術の演習．5/15 天保の改革始まる．7 幕府，三方領知替え撤回．10 奢侈禁止令．11 水野忠邦，寄席・芝居小屋の廃止・移転を指示．12 株仲間解散令
1842	13	6 高島流西洋砲術の伝授を全面解禁．オランダ商館長，英軍艦の来日計画を伝える．7 異国船打払令撤回，薪水給与令．8 川越・忍藩に江戸湾防備を命令．9 諸大名へ軍事力強化を命じる．12 海岸防備のため，伊豆下田奉行所復活，羽田奉行所新設．この年，アヘン戦争終結
1843	14	3 江戸からの人返しをはかる．西洋式砲隊・大筒組創設．4 将軍家慶，日光社参実施，徳川斉昭が批判．蒸気船輸入を蘭へ打診．6 江戸・大坂 10 里四方上知令発令(閏 9 に中止)．新潟上知令発令．御料所改革開始．7 運河造成のため印旛沼工事開始．大坂豪商らに 100 万両の御用金を命じる．閏 9 水野忠邦，老中を罷免

1844	弘化 1	3 仏軍艦琉球に渡来．5 江戸城本丸焼失．徳川斉昭謹慎．6 水野忠邦，老中再任．7 清米通商協定(望厦条約)．蘭国王，書翰にて諸外国との通商関係を進言．10 清仏通商協定(黄埔条約)
1845	2	3 米捕鯨船，漂流民を送還し浦賀に渡来．5 英船，琉球に渡来．6 幕府，蘭政府に開国拒否の返書．7 海防掛を常設．英測量艦サマラング号長崎に渡来
1846	3	2 仁孝天皇没，孝明天皇即位．閏5 米艦隊司令長官ビッドル浦賀に渡来．6 老中阿部正弘，打払令復活を諮る．仏艦隊司令官セシーユ長崎に渡来．8 朝廷，海防強化を求める勅書を出す．10 幕府，異国船来航状況を朝廷に報告
1847	4	2 彦根・会津藩に相模・房総沿岸警備を命令
1848	嘉永 1	5 老中阿部正弘，打払令復活を諮る．米捕鯨船蝦夷地に漂着
1849	2	3 米軍艦プレブル号長崎へ渡来．閏4 英測量艦マリナー号浦賀・下田に渡来．幕府，海防策に関してひろく意見を求める．5 阿部正弘，打払令復活を諮る．12 諸大名に防備強化を命令
1850	3	3 蘭商館長最後の江戸参府．10 高野長英自殺(47)．この年，江川英竜，韮山に反射炉を築く
1851	4	1 中浜万次郎ら送還され琉球上陸．3 株仲間再興許可
1852	5	6 蘭商館長クルチウス，米使節の来航と開国要求を予告
1853	6	6/3 米使節ペリー，浦賀に到着．6/9 ペリー久里浜上陸．6/15 幕府，ペリー来日を朝廷に報告．6/22 将軍家慶没(61)．7/1 大名・幕臣に米大統領書翰を公表，意見を募る．7/18 露使節プチャーチン長崎に渡来．8/20 幕領へ国恩冥加金上納を命じる．8/24 品川台場築造に着手．9/15 大船建造禁止令廃止．10/23 徳川家

		定，13代将軍に．11/1 幕府，対米方針を告知
1854	安政1	1/16 ペリー艦隊再来日．3/3 日米和親条約締結．下田・箱館開港．4/6 京都大火，御所炎上．4/30 徳川斉昭，幕政参与辞任．閏7/15 英艦隊司令長官スターリング長崎入港．8/23 日英和親条約調印．12/2 江戸に5か所の講武場設置．12/21 日露和親条約調印，下田・箱館・長崎を開港，千島列島の国境を画定
1855	2	1 洋学所設置．2/22 幕府，全蝦夷地直轄．7/29 長崎に海軍伝習所設置．10/15 琉仏和親条約締結
1856	3	2 洋学所を蕃書調所に改称．4/25 江戸築地に講武所設置．7/21 米総領事ハリス，下田に渡来．8 老中阿部正弘，貿易開始へ政策転換．10/20 外国貿易取調掛設置
1857	4	8/29 日蘭追加条約調印(最初の通商条約)．10/21 ハリス，江戸城登城．11/1 幕府，通商条約につき大名に意見を求める．12/11 日米通商条約交渉始まる
1858	5	2/9 老中堀田正睦，上洛して通商条約勅許を願い出る．3/12 勅許の朝議決定に多くの公卿が異を唱えて集結．3/20 条約調印拒否の勅答出る．4/23 井伊直弼，大老就任．6/19 幕府，勅許のないまま日米修好通商条約調印．6/25 井伊直弼，将軍継嗣を徳川慶福に決定．7/5 徳川斉昭に謹慎，徳川慶恕・松平慶永に隠居などを命じる．7/6 将軍家定没(35)．7/8 海防掛を廃し外国奉行を設置．7/10 日蘭修好通商条約調印(9月にかけ露・英・仏と調印．安政5か国条約)．8/8 天皇，水戸藩に，その2日後幕府に「戊午の密勅」を下す．9/7 安政の大獄始まる．10/25 家茂，14代将軍に
1859	6	5/28 横浜・箱館・長崎の3港開港，自由貿易

		始まる．10/27 吉田松陰処刑．11 生糸高騰につき，上野桐生領民ほか生糸貿易禁止を求めて嘆願．年末，西陣で騒動
1860	万延 1	3/3 井伊直弼暗殺(桜田門外の変)．閏 3/19 五品江戸廻し令発令．4 国益主法掛設置．8/18 朝廷，和宮降嫁勅許を内達，公武合体・鎖国復帰を求める．11 武蔵・相模の縞織物商人，生糸輸出禁止を嘆願．この年，幕府万延の貨幣改鋳を開始
1861	文久 1	2/3 露艦ポサドニック号，占領のため対馬来泊．5/15 長州藩士長井雅楽，「航海遠略策」を朝廷へ提出．12/24 幕府遣欧竹内使節団，開市開港延期交渉に出発(翌年「ロンドン覚書」調印)
1862	2	1/15 老中・安藤信正，水戸浪士ら攘夷派に襲われ負傷(坂下門外の変)．以後尊王攘夷派台頭．4/16 島津久光，藩兵 1000 人率いて上洛．4/23 有馬新七らを斬殺(寺田屋騒動)．5 文久の幕政改革開始．6 幕府直属常備軍の軍制改革．7/6 徳川慶喜，将軍後見職に(閏 8 松平容保，京都守護職に)．7 長州藩，藩論を尊攘に決定．8/21 島津久光の行列護衛，英人を斬る(生麦事件)．閏 8/22 参勤交代の緩和．11/27 勅使・三条実美，将軍に破約攘夷を命じる勅書．12/9 国政の審議のため朝廷に国事御用掛設置
1863	3	3/4 家茂，将軍として 230 年ぶりに上洛．4/20 5 月 10 日を攘夷期限と上奏．5/9 幕府，生麦事件などの賠償金支払い．5/10 長州藩，下関で米船攻撃．6/7 高杉晋作，奇兵隊結成．7/2 薩摩藩，英艦隊と鹿児島湾で交戦(薩英戦争)．8/13 攘夷祈願・親征軍議のため大和行幸を布告．8/17 天誅組の変．8/18 公武合体派による朝廷クーデター(8 月 18 日政変)，七卿落ち．12/29 横浜鎖港交渉池田使節団，欧州へ．

		12/30 徳川慶喜ら朝議に参与
1864	元治 1	1/15 将軍家茂上洛．3/9 参与会議解体．5/17 池田使節団，パリ約定調印．6/5 新撰組，池田屋襲撃．7/19 長州藩兵，幕府軍と交戦(禁門の変)．7/24 幕府，長州追討の勅命を受け，西南21藩に出兵命令(第1次幕長戦争)．8/5 英米仏蘭4国艦隊下関砲撃事件(下関戦争)．11/11 長州藩，3家老に切腹を命じ幕府へ服罪
1865	慶応 1	3/23 長州藩，藩論を武備恭順へ．閏5/16 英公使パークス着任．閏5/22 家茂参内，長州藩再征を上奏．6/24 西郷隆盛，坂本龍馬らと会い，長州藩の武器購入援助を約束．9/16 英米仏蘭代表団，条約勅許などを要求し軍艦で兵庫沖へ．10/5 通商条約勅許
1866	2	1/21 薩長盟約成立．5/13 英仏米蘭と改税約書調印．6/7 第2次幕長戦争開始．6 武州一揆・信達一揆．7/20 幕府劣勢の中，将軍家茂没(21)．慶喜が家督を継ぐ．8/1 小倉城落城．8/21 征長中止の沙汰書．8/30 岩倉具視の説得により，22人の公家，朝廷の主体性を求めて禁裏御所へ参集．12/5 慶喜，15代将軍に．12/25 孝明天皇没(36)．この年，全国で一揆・打ちこわし激化
1867	3	1/9 睦仁親王(明治天皇)即位．5/21 土佐藩と薩摩藩，倒幕を密約．5/24 兵庫開港勅許．7/2 大政奉還などの薩土盟約．9/18 薩長芸，挙兵倒幕を約す．10/13 倒幕の密勅．10/14 将軍慶喜，政権奉還を願い出，翌日勅許(大政奉還)．10/24 慶喜，将軍職辞職を請う．11/15 坂本龍馬・中岡慎太郎暗殺．12/9 朝廷，王政復古を宣言(王政復古の大号令)，小御所会議

参考文献

本文で言及し，また参考にした主なものを掲げたが，執筆にあたってはその他多くの文献を参照し教えられたことを付記しておく．

全編を通じて

石井寛治『大系日本の歴史 12　開国と維新』小学館，1989
井上勲編『日本の時代史 20　開国と幕末の動乱』吉川弘文館，2004
遠山茂樹『明治維新』岩波書店，1951，のち『遠山茂樹著作集 1　明治維新』岩波書店，1991
藤田覚編『日本の時代史 17　近代の胎動』吉川弘文館，2003
藤田覚『天皇の歴史 06　江戸時代の天皇』講談社，2011
宮地正人『幕末維新期の社会的政治史研究』岩波書店，1998
宮地正人『幕末維新変革史　上・下』岩波書店，2012
明治維新史学会編『講座　明治維新 1・2』有志舎，2010・11
歴史学研究会編『世界史史料 12　二一世紀の世界へ　日本と世界』岩波書店，2013

はじめに

藤田覚『幕末の天皇』講談社メチエ，1994，のち講談社学術文庫，2013
横山伊徳『日本近世の歴史 5　開国前夜の世界』吉川弘文館，2013
『シンポジウム日本歴史 15　明治維新』芝原拓自の発言，学生社，1969

第 1 章

木村直樹「十八世紀の対外政策と長崎」藤田覚編『十八世紀日本の政治と外交』山川出版社，2010
佐々木潤之介『幕末社会の展開』岩波書店，1993
高澤憲治『松平定信政権と寛政改革』清文堂出版，2008
竹内誠『寛政改革の研究』吉川弘文館，2009

永積洋子「一八〜一九世紀はじめの日本におけるオランダ語学力の向上とロシア問題」『東洋学報』78-4，1997
尾藤正英「尊王攘夷思想」『岩波講座日本歴史13　近世5』岩波書店，1977
藤田覚『近世政治史と天皇』吉川弘文館，1999
藤田覚『近世後期政治史と対外関係』東京大学出版会，2005
藤田覚「幕府蝦夷地政策の転換とクナシリ・メナシ事件」藤田覚編『十八世紀日本の政治と外交』(前掲)
藤田覚『日本近世の歴史4　田沼時代』吉川弘文館、2012
三宅紹宣「近世後期長州藩の対外防備」岸田裕之編『中国地域と対外関係』山川出版社，2003
三ツ松誠「「みよさし」論の再検討」藤田覚編『十八世紀日本の政治と外交』(前掲)
渡辺浩『東アジアの王権と思想』東京大学出版会，1997

第２章

大口勇次郎「天保期の性格」『岩波講座日本歴史12　近世4』岩波書店，1976
大口勇次郎「寛政―文化期の幕府財政」尾藤正英先生還暦記念会編『日本近世史論叢 下』吉川弘文館，1984
北島正元『水野忠邦』人物叢書，吉川弘文館，1969
斎藤善之『内海船と幕藩制市場の解体』柏書房，1994
佐藤昌介『洋学史研究序説』岩波書店，1964
佐藤昌介『洋学史の研究』中央公論社，1980
藤田覚『幕藩制国家の政治史的研究』校倉書房，1987
藤田覚『天保の改革』吉川弘文館，1989
藤田覚『遠山金四郎の時代』校倉書房，1992
藤田覚『水野忠邦』東洋経済新報社，1994
藤田覚『近世天皇論』清文堂出版，2011
藤田覚『泰平のしくみ』岩波書店，2012

第３章

梅澤秀夫「昌平黌朱子学と洋学」『思想』766，1988

小野将「近世後期の林家と朝幕関係」『史学雑誌』102-6，1993
柄木田文明「〈史料紹介〉中条唯七郎『見聞集録』」『成蹊論叢』33，1994
高橋章則「近世後期の歴史学と林述斎」『日本思想史研究』21，1989
辻本雅史・沖田行司編『新体系日本史16　教育社会史』山川出版社，2002
奈良勝司『明治維新と世界認識体系』有志舎，2010
橋本昭彦『江戸幕府試験制度史の研究』風間書房，1993
眞壁仁『徳川後期の学問と政治』名古屋大学出版会，2007
丸山眞男「幕末における視座の変革」『展望』1965年5月号，のち『丸山眞男集』第9巻，岩波書店，1996
第4章
池田敬正「幕府諸藩の動揺と改革」『岩波講座日本歴史13　近世5』(前掲)
石井寛治・関口尚志編『世界市場と幕末開港』東京大学出版会，1982
石井寛治「幕末開港と外圧への対応」石井寛治ほか編『日本経済史1　幕末維新期』東京大学出版会，2000
石井孝『日本開国史』吉川弘文館，1972
小野正雄「開国」『岩波講座日本歴史13　近世5』(前掲)
小野正雄『幕藩権力解体過程の研究』校倉書房，1993
加藤祐三『黒船前後の世界』岩波書店，1985
川田貞夫『川路聖謨』人物叢書，吉川弘文館，1997
木村直樹『〈通訳〉たちの幕末維新』吉川弘文館，2012
斉藤修・谷本雅之「在来産業の再編成」梅村又次・山本有造編『日本経済史3　開港と維新』岩波書店，1989
杉山真也「国際環境と外国貿易」梅村又次・山本有造編『日本経済史3　開港と維新』(前掲)
麓慎一『開国と条約締結』吉川弘文館，2014
三谷博『ペリー来航』吉川弘文館，2003

森田武「幕末期における幕府の財政・経済政策と幕藩関係」『歴史学研究』430，1976
守屋嘉美「阿部政権論」青木美智男・河内八郎編『講座日本近世史7　開国』有斐閣，1985
山崎隆三「幕末維新期の経済変動」『岩波講座日本歴史13　近世5』(前掲)
山本有造「明治維新期の財政と通貨」梅村又次・山本有造編『日本経済史3　開港と維新』(前掲)

第5章

青山忠正『日本近世の歴史6　明治維新』吉川弘文館，2012
井上勲『王政復古』中公新書，1991
高橋秀直『幕末維新の政治と天皇』吉川弘文館，2007
高村直助『小松帯刀』人物叢書，吉川弘文館，2012
遠山茂樹『岩波セミナーブックス34　明治維新と天皇』岩波書店，1991
原口清『幕末中央政局の動向』岩田書院，2007
保谷徹「幕府軍制改革の展開と挫折」坂野潤治ほか編『シリーズ日本近現代史1　維新変革と近代日本』岩波書店，1993
保谷徹「幕末の軍事改革と施条砲」宇田川武久編『鉄砲伝来の日本史』吉川弘文館，2007
三宅紹宣「薩長盟約の成立と展開」『日本歴史』761，2011
三宅紹宣『幕長戦争』吉川弘文館，2013
三宅紹宣「長州藩元治の内戦の研究」『山口県史研究』22，2014
宮地正人『天皇制の政治史的研究』校倉書房，1981
渡辺尚志『百姓たちの幕末維新』草思社，2012

おわりに

鈴木淳・西川誠・松沢裕作『史料を読み解く4　幕末・維新の政治と社会』山川出版社，2009
大久保利謙「五ヶ条の誓文に関する一考察」『歴史地理』88-2，1957，のち『大久保利謙歴史著作集1　明治維新の政治過程』吉川弘文館，1986

図版出典

図 1-1：辻達也編『日本の近世第 2 巻　天皇と将軍』中央公論社，1991

図 1-3：東京大学史料編纂所『東アジアと日本　世界と日本』2013

図 2-1：NHK・NHK プロモーション編『徳川将軍家展』2003

図 2-3，2-6：『週刊朝日百科　日本の歴史 90　大塩の乱と天保の改革』朝日新聞社，1988

図 2-5：横浜市歴史博物館編『絵巻でみる事件　百姓一揆絵巻／火事図巻』2013

図 2-7，図 4-4，8，図 5-7：八王子市郷土資料館編『幕末の八王子』2014

図 2-8：『週刊朝日百科　日本の歴史 77　田沼意次と松平定信』新訂増補，朝日新聞社，2003

図 3-2，3：教育問題編纂会『近代教育の源流／藩校』二十一世紀研究会，2004

図 4-2，5：横浜市歴史博物館編『黒船・開国・社会騒乱』2009

図 4-7：田中彰『日本の歴史 15　開国と倒幕』集英社，1992

図 5-2：岩下哲典・塚越俊志『レンズが撮らえた幕末の日本』山川出版社，2011

図 5-3，4，5：横浜市歴史博物館編『生麦事件と横浜の村々』2012

図 5-6：宮内庁書陵部・宮内庁三の丸尚蔵館『皇室の文庫　書陵部の名品』2010